数智沙盘模拟实训

刘 平 主 编
刘业峰 张赢盈 副主编

姓　名：＿＿＿＿＿＿＿
班　级：＿＿＿＿＿＿＿
学　号：＿＿＿＿＿＿＿
组　别：＿＿＿＿＿＿＿
组　名：＿＿＿＿＿＿＿
角　色：＿＿＿＿＿＿＿
指导教师：＿＿＿＿＿＿＿
实训时间：＿＿＿＿＿＿＿

清华大学出版社
北　京

内 容 简 介

《数智沙盘模拟实训》是专门针对用友新道全新推出的"S+Cloud 数智企业经营管理沙盘"开发的实训教材，书中对学生使用的记录表格进行了全新的设计，更符合"S+Cloud 数智企业经营管理沙盘"的实际情况。本书编者一直跟踪用友 ERP 物理沙盘、创业者电子沙盘、新商战电子沙盘、约创云平台企业经营沙盘模拟系统的更新迭替，具有丰富的企业经营沙盘模拟教学经验。本书的编写遵循"立足实践教学、兼顾大赛需要"的原则，分为导入篇、操作篇和总结篇三大部分。

本书将课堂实训所用的实训任务书、实训指导书和实训报告书"三册合一"，均为实训指导的具体内容。在第一篇"导入篇"中即阐述了本实训的意义、目的和任务；第二篇为实训操作指引和操作过程记录；第三篇为实训报告记录及撰写实训报告指引。

本书可作为大学生企业经营沙盘模拟实训课程的教材，也可作为企业经营管理人员的培训教材。

本书封面贴有清华大学出版社防伪标签，无标签者不得销售。
版权所有，侵权必究。举报：010-62782989，beiqinquan@tup.tsinghua.edu.cn。

图书在版编目(CIP)数据

数智沙盘模拟实训/刘平主编. —北京：清华大学出版社，2023.6（2024.8 重印）
ISBN 978-7-302-63432-4

Ⅰ.①数… Ⅱ.①刘… Ⅲ.①企业管理—计算机管理系统—教材 Ⅳ.①F270.7

中国国家版本馆 CIP 数据核字(2023) 第 076296 号

责任编辑：刘金喜
封面设计：范惠英
版式设计：孔祥峰
责任校对：成凤进
责任印制：宋　林

出版发行：清华大学出版社
　　　　　网　　址：https://www.tup.com.cn, https://www.wqxuetang.com
　　　　　地　　址：北京清华大学学研大厦 A 座　　邮　编：100084
　　　　　社 总 机：010-83470000　　邮　购：010-62786544
　　　　　投稿与读者服务：010-62776969, c-service@tup.tsinghua.edu.cn
　　　　　质 量 反 馈：010-62772015, zhiliang@tup.tsinghua.edu.cn

印 装 者：三河市龙大印装有限公司
经　　销：全国新华书店
开　　本：185mm×260mm　　印　张：9.75　　字　数：236 千字
版　　次：2023 年 6 月第 1 版　　印　次：2024 年 8 月第 4 次印刷
定　　价：48.00 元

产品编号：101638-01

前言

对于沙盘，其实我们并不陌生。在电视中，我们经常可以见到叱咤风云、挥斥方遒的将军在沙盘面前指挥千军万马；在日常生活中，房地产开发商制作小区规划布局沙盘以利于房屋销售。这些沙盘都清晰地模拟了真实的地形、地貌或小区格局，不必让其所服务的对象亲临现场，也能对所关注的位置了然于胸，更可以从宏观的角度全面地审视所处的环境局面，从而运筹帷幄、决胜千里。如此，不一而足。

企业经营沙盘模拟，就是利用类似上述的沙盘理念，采用现代管理技术手段——ERP(Enterprise Resource Planning)来模拟企业真实经营，使学生在模拟企业经营中得到启发、锻炼和提高。ERP是企业资源计划的简称，企业资源包括厂房、设备、物料、资金、人员，甚至还包括企业上游的供应商和下游的客户等。企业资源计划的实质就是如何在资源有限的情况下，合理组织生产经营活动，降低经营成本，提高经营效率，提升竞争能力，力求利润最大化。因此可以说，企业的生产经营过程也是对企业资源的管理过程。

模拟说明了我们面对的不是一个真实的企业对象，而是具备了真实对象所拥有的主要特征的模拟对象。企业经营沙盘模拟实训课程就是针对一个模拟企业，把该模拟企业运营的关键环节(战略规划、资金筹集、市场营销、产品研发、生产组织、人员安排、物资采购、设备投资与改造、财务核算与管理等部分)设计为该实训课程的主体内容，把企业运营所处的内外部环境抽象为一系列的规则，由受训者组成若干个相互竞争的模拟企业，每个受训者在模拟企业中都担任一定的角色，如总经理、财务总监、生产总监、营销总监、人力资源总监、采购总监等，通过模拟企业4～6年的经营对抗(竞赛)，使受训者在分析市场、制定战略、营销策划、组织生产、财务管理等一系列活动中参悟科学管理规律，提升管理能力，并深刻体会理论联系实际的重要性，激发低年级学生的学习兴趣，让高年级学生学以致用。

企业经营沙盘模拟实训课程具有科学、简洁、实用、趣味等显著特点，并以体验式教学方式成为继传统式教学和案例式教学之后深受学生欢迎的又一典型实用的教学方法。该实训课程可以强化受训者的管理知识、训练管理技能、全面提高受训者的综合素质，其融合理论与实践于一体、集角色扮演与岗位体验于一身的设计思路新颖独到，使受训者在参与、体验中完成从知识到技能的一次转化，在操盘后的总结交流中再完成从实践到理论的二次升华。

基于ERP技术诞生并不断发展的企业经营沙盘模拟系统恰好契合了这种要求，对于培养学生的数据意识和数据分析能力大有裨益。在这一发展进程中，涌现出了以用友新道、金蝶软件等为代表的众多企业，他们纷纷推出了企业经营沙盘模拟系统应用于高校教学、企业培训和学生大赛，并且不断更新升级。比如，用友新道由最初的物理沙盘，到创业者电子沙盘、新商战电子沙盘，再到约创云平台电子沙盘、S+Cloud数智企业经营管理沙盘等。

二

目前，世界已经进入大数据时代！自2014年"大数据"首次出现在我国的政府工作报告中以来，"大数据"已经连续多年进入国务院政府工作报告，上升为国家战略。大数据概念也逐渐在国内成为热议的词汇。2015年国务院正式印发《促进大数据发展行动纲要》；2016年国家又出台了《大数据产业发展规划(2016—2020年)》。该规划指出，数据是国家基础性战略资源，是21世纪的"钻石矿"。吕本富在《飞轮效应：数据驱动的企业》中指出，数据是企业发展的基础设施和核武器。数据资源成为企业发展的新型动力源，数据分析系统是企业腾飞的动力系统，决定了企业运行的速度与高度。

2021年3月通过的《中华人民共和国国民经济和社会发展第十四个五年规划和2035年远景目标纲要》明确提出，加快数字化发展，建设数字中国，并且指出：迎接数字时代，激活数据要素潜能，推进网络强国建设，加快建设数字经济、数字社会、数字政府，以数字化转型整体驱动生产方式、生活方式和治理方式变革，此外还提出了构筑美好数字生活的新图景。

2021年10月18日，中共中央政治局就推动我国数字经济健康发展进行第三十四次集体学习。习近平总书记强调：发展数字经济是把握新一轮科技革命和产业变革新机遇的战略选择。充分发挥海量数据和丰富应用场景优势，促进数字技术与实体经济深度融合，赋能传统产业转型升级，催生新产业新业态新模式，不断做强做优做大我国数字经济。

2021年11月30日，工业和信息化部出台的《"十四五"大数据产业发展规划》指出，数据是新时代重要的生产要素，是国家基础性战略资源。大数据是数据的集合，以容量大、类型多、速度快、精度准、价值高为主要特征，是推动经济转型发展的新动力，是提升政府治理能力的新途径，是重塑国家竞争优势的新机遇。大数据产业是以数据生成、采集、存储、加工、分析、服务为主的战略性新兴产业，是激活数据要素潜能的关键支撑，是加快经济社会发展质量变革、效率变革、动力变革的重要引擎。规划目标为：到2025年，大数据产业测算规模突破3万亿元，年均复合增长率保持在25%左右。

2022年1月12日，国务院公开发布的《"十四五"数字经济发展规划》指出，数字经济是继农业经济、工业经济之后的主要经济形态，是以数据资源为关键要素，以现代信息网络为主要载体，以信息通信技术融合应用、全要素数字化转型为重要推动力，促进公平与效率更加统一的新经济形态。数字经济发展速度之快、辐射范围之广、影响程度之深前所未有，它正推动生产方式、生活方式和治理方式发生深刻变革，成为重组全球要素资源、重塑全球经济结构、改变全球竞争格局的关键力量。"十四五"时期，我国数字经济转向深化应用、规范发展、普惠共享的新阶段。

前言

2022年10月16日，习近平总书记在党的二十大报告中明确提出，加快发展数字经济，促进数字经济和实体经济深度融合，打造具有国际竞争力的数字产业集群。随后，2023年2月27日，中共中央、国务院印发了《数字中国建设整体布局规划》（以下简称《规划》）。《规划》指出，建设数字中国是数字时代推进中国式现代化的重要引擎，是构筑国家竞争新优势的有力支撑。加快数字中国建设，对全面建设社会主义现代化国家、全面推进中华民族伟大复兴具有重要意义和深远影响。

《规划》提出，到2025年，基本形成横向打通、纵向贯通、协调有力的一体化推进格局，数字中国建设取得重要进展。数字基础设施高效联通，数据资源规模和质量加快提升，数据要素价值有效释放，数字经济发展质量效益大幅增强，政务数字化智能化水平明显提升，数字文化建设跃上新台阶，数字社会精准化普惠化便捷化取得显著成效，数字生态文明建设取得积极进展，数字技术创新实现重大突破，应用创新全球领先，数字安全保障能力全面提升，数字治理体系更加完善，数字领域国际合作打开新局面。到2035年，数字化发展水平进入世界前列，数字中国建设取得重大成就。数字中国建设体系化布局更加科学完备，经济、政治、文化、社会、生态文明建设各领域数字化发展更加协调充分，有力支撑全面建设社会主义现代化国家。

在新一代信息技术革命、新工业革命的背景下，产业快速升级，企业的数智化发展驶入快车道。为积极面向数智化变革培养新时代人才，高等院校全力推进"四新"建设，许多专业积极开展深度数字化改造升级。

为帮助高校师生对数智化时代的业务变化及人才岗位能力培养的一致性认知，解决教学实践与产业发展割裂的问题；同时为培养学生数智化理念、提升经营管理能力及综合职业素质，通过教、练、考、赛一体化和系统化的学习，体验企业在竞争环境中的生存和发展，体会经营管理的核心流程、关键决策模型及数智化企业的决策过程，用友新道于2022年推出了依托"S+Cloud"平台的数智企业经营管理沙盘（以下简称"数智沙盘"）。该系统可使用户在模拟企业运营中体会和应用经营管理理论，通过企业信息化、数智化转型、全面数智化三个经营阶段，直观体验并全面了解新一代数字与智能技术给企业带来的生产变革、经营变革和管理变革，探索数智企业经营管理变革下的教育教学新范式与人才培养新理念。

三

大数据时代，呼唤大数据人才！如果说ERP沙盘帮助高校师生认知了信息化时代的经营管理，那么数智沙盘则帮助高校师生认知数智化时代的经营管理。数智沙盘以"数智认知，始于沙盘"为理念，继承ERP沙盘的经典思路，同时融入数智企业经营管理的经典场景，配合院校打造数智化教学改革"第一课"。

本实训教材基于用友新道全新推出的依托"S+Cloud"的数智企业经营管理沙盘（该系统2022年开始应用于全国大学生创新创业沙盘模拟大赛，目前开始推广应用于教学），并结合我们多年跟踪用友ERP物理沙盘、创业者电子沙盘、新商战电子沙盘及约创云平台的教学经验（笔者主编的《用友ERP企业经营沙盘模拟实训手册》从2008年出版第1版至今已更新出版至第7版，受到众多高等院校、培训机构与企业的广泛重视和欢迎，累计印数已超过20万册)，以及最近使用数智沙盘指导学生实训和参赛的实际情况编写而成，供学生在实训中使用并留存。

本实训教材的编写遵循"立足实践教学、兼顾大赛需要"的原则，全书分为三篇。

第一篇导入篇，是在指导教师的讲解下，帮助学生认识什么是企业经营沙盘模拟，了解所要接手经营的企业现状，掌握模拟竞赛的市场规则和企业运营规则，并在指导教师的带领下进行数智沙盘操作训练，以掌握企业运营流程。

第二篇操作篇，是为受训者进行4年或6年的经营竞赛而准备，分为开篇语、典型策略介绍、企业经营过程控制/监督表(操作记录)等部分，供总经理、财务总监、人力资源总监、生产总监和营销总监等不同角色的受训者使用。在受训者开始第一年的运行前，一定要认真阅读第二篇的开篇语，这对有效运营非常重要。

第三篇总结篇，主要是为受训者总结交流而准备，以达到能力提升的目的。本篇分为日常记录、受训者总结、经营竞赛交流、指导教师点评与分析和参赛人员心得分享等部分。为了引发受训者的思考，提升总结交流的水平和效果，本篇特编进五篇阅读文章，以电子版的形式在网上免费提供，分别从正确认识战略与战略决策、如何思考一个成长型公司的战略决策、企业发展快与慢的辩证关系、多元化的误区和重视制定战略的方法论等角度，阐述了公司战略选择、经营方略与竞争策略等问题，供参训者总结提高时参考。

本实训教材将通常实训所用的实训任务书、实训指导书和实训报告书"三册合一"，全书均为实训指导的具体内容。在第一篇导入篇的第1.0节"开篇语"和第1.1节"认识企业经营沙盘模拟"中即阐述了本实训的意义、目的和任务；第二篇为实训操作指引和分角色操作过程记录；第三篇为实训报告记录及撰写实训报告指引。

本实训教材由沈阳工学院刘平教授起草写作大纲并担任主编，由沈阳工学院刘业峰、张赢盈担任副主编，沈阳工学院王国玉、沈阳理工大学林则宏、沈阳工学院石佳鹭参与了部分内容的编写工作。本实训教材也是刘平教授主持的省级精品课程(2010)、省级一流课程(2022)企业战略管理的配套实践教材。

本实训教材的出版得到了清华大学出版社的大力支持，我的学生马硕、姜丛姝、宋福军、赵亚楠、韩凤柱等参与了部分资料的整理工作，在此一并表示衷心的感谢！同时，还要感谢用友新道公司韩巍先生提供了部分资料。

本书教学资源可通过http://www.tupwk.com.cn/downpage下载。

由于作者学识、水平有限，疏漏之处在所难免，敬请广大读者批评指正，我们将在修订或重印时将大家反馈的意见和建议恰当地体现出来。再次感谢广大读者的厚爱！

服务邮箱：476371891@qq.com。

刘　平

2023年新春于沈抚改革创新示范区

作者简介

刘平：沈阳工学院经济与管理学院教授，历任金融保险专业带头人、工商管理专业带头人、经济与管理学院副院长、信息与控制学院院长、院学术委员会主任、创新创业学院院长兼大学生创新创业中心主任。社会职务：中国未来研究会理事、专家委员会委员、创新创业研究分会会长、中国保险与保障研究中心主任；拥有清华大学和美国哥伦比亚大学双硕士学位，熟悉中外管理理论，并富有从基层到高层的管理实践经验。

近年来主持"大学生创业教育通俗读本""应用型本科院校大学生创新创业课程体系建设研究与实践""理工科专业适应大学生就业与企业职业化选择的职业素养课程体系研究与实践""提高辽宁高校大学生就业能力的对策研究——基于课程体系建设""跨学科复合型应用人才培养模式研究""'满足学生就业、升学、个性化发展'的分类培养、分级教学的多元化人才培养模式探索与实践"等省社会科学规划基金项目、省教育厅教改立项、省教育科学"十二五"规划课题十余项，曾经主持承担国家级火炬计划项目"热转式条码印制机及条码打印机"以及国家级重点科技攻关项目"金融终端系统和支付工具"，是2011年省级综合改革试点专业、2013年国家级综合改革试点专业联合负责人和项目执行人，2010年省级精品课程负责人，2011年省级优秀教学团队带头人，2013年省级实验教学示范中心建设项目负责人，2014年入选省级专业带头人，2015年省级大学生创新创业实践教育基地负责人，2016年省级大学生创业孵化示范基地负责人，2016年省级创客空间负责人，2017年教育部第一批产学合作协同育人项目"依托'东软创业+'构建应用型本科院校创新创业教育新模式"负责人，2020年省级一流专业负责人，2022年省级一流课程负责人。

获得多项省部级成果奖，其中"适应学生个性化发展需求的多元化人才培养模式构建"获辽宁省教学成果二等奖(排名第一)、"借力国际品牌、深化校企融合、立足学以致用、培养应用型卓越工程人才"获辽宁省普通高等教育本科教学成果二等奖(排名第二)、"民生中的若干问题"获辽宁省第三届哲学社会科学优秀成果一等奖(排名第二)、"以需求为导向培养技术应用型人才"获辽宁省教育科学"十一五"规划优秀成果三等奖(排名第一)、"条码技术产品"获部级科技进步奖一等奖(主要参与者)。

在高等教育出版社、机械工业出版社、电子工业出版社、清华大学出版社等国家一级出版社作为第一作者出版了《西方经济学概论(第3版)》《微观经济学》《企业战略管理(项目教学版)》《金蝶企业经营沙盘模拟实训(第4版)》《职业生涯导入与大学学习生活》《大学生就业与创业指导(第2版)》等10余部著作和教材,其中《创业攻略:成功创业之路》获辽宁省学术成果奖著作类二等奖,《保险学概论》获辽宁省人力资源和社会保障科学研究成果二等奖,《创业学:理论与实践》入选辽宁省首批"十二五"规划教材(目前已更新出版第3版),省级精品课教材《企业战略管理》入选辽宁省第二批"十二五"规划教材(目前已更新出版第3版),《用友ERP企业经营沙盘模拟实训(第7版)》等已成为畅销书。

在《现代经济探讨》《江西财经大学学报》《企业管理》《中外管理》《销售与市场》《光明日报》《中国教育报·高等教育》等核心期刊和国家期刊奖百种重点期刊发表文章30余万字,其中《高成长企业的长赢基因》《再看破坏性创新》《中国需要什么样的软件人才》《如何成为标准的创造者》等多篇文章被广泛转载。

主要研究方向:创业理论与实务、企业发展战略、金融科技、大数据管理与应用。

目录

第一篇 导入篇 ... 1

1.0 开篇语 ... 1
    1.0.1 实训的目的和任务(课程目标) ... 2
    1.0.2 实训方式 ... 2
    1.0.3 时间安排 ... 2
    1.0.4 实训要求 ... 3
    1.0.5 组织管理 ... 3

1.1 认识企业经营沙盘模拟 ... 3
    1.1.1 "ERP企业经营沙盘模拟"释义 ... 3
    1.1.2 模拟企业组织架构 ... 4
    1.1.3 关于企业生存与破产 ... 6

1.2 认识所要经营的企业 ... 7
    1.2.1 市场前景与股东期望 ... 7
    1.2.2 公司发展现状 ... 7
    1.2.3 消费者市场 ... 8

1.3 数智沙盘操作指导 ... 8
    1.3.1 教师操作 ... 8
    1.3.2 数智沙盘主要角色及其职责 ... 13
    1.3.3 企业经营流程 ... 16
    1.3.4 各角色具体操作 ... 18

1.4 模拟企业经营规则示例 ... 32
    1.4.1 营销总监相关规则 ... 32
    1.4.2 生产总监相关规则 ... 37
    1.4.3 人力总监相关规则 ... 41
    1.4.4 财务总监相关规则 ... 43

1.5 引导年任务清单 ... 46
1.6 编制财务报表说明 ... 49
1.7 企业数智化的基本特征 ... 50
1.8 经销商订单表 ... 51

第二篇 操作篇 ... 55

2.0 开篇语 ... 55
    2.0.1 关于运营规则 ... 56

  2.0.2 关于战略选择 ·················· 56
  2.0.3 关于团队协作 ·················· 60
2.1 典型策略介绍 ························ 64
2.2 第1年企业经营过程控制/监督表 ············· 67
2.3 第2年企业经营过程控制/监督表 ············· 72
2.4 第3年企业经营过程控制/监督表 ············· 77
2.5 第4年企业经营过程控制/监督表 ············· 82
2.6 第5年企业经营过程控制/监督表 ············· 87
2.7 第6年企业经营过程控制/监督表 ············· 92

第三篇 总结篇 97

3.0 开篇语 ···························· 98
3.1 受训者日常记录 ······················ 98
3.2 对经营规划的再思考 ··················· 105
3.3 改进工作的思路 ····················· 109
3.4 受训者总结 ························ 110
3.5 经营竞赛交流 ······················ 111
3.6 指导教师点评与分析 ·················· 112
3.7 参加大赛人员心得分享 ················· 113
3.8 第五届"用友杯"全国大学生创业设计暨沙盘模拟经营大赛
   全国总决赛冠军案例 ·················· 114

附录 117

参考文献与推荐阅读书目 139

学生感言 141

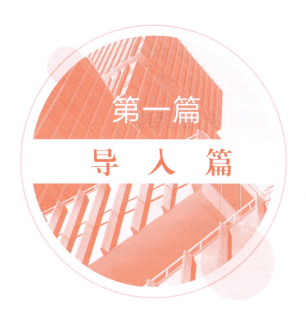

第一篇 导入篇

只有懂得规则,才能游刃有余。
只有认真对待,才能有所收获。
只有积极参与,才能分享成就。

在路上,在学习的路上,在人生的路上,我不知道什么是成功,但我知道什么是失败,放弃就是失败。不放弃,就有希望;坚持,就能成功。

课程思政目标: 基于社会主义核心价值观,运用马克思主义哲学思想,理论联系实际,掌握规则的重要性,继而进一步强化对国家宪法、法律及规章制度的敬畏心,依法办事。

1.0 开篇语

学习规则是比较枯燥的,但却是必需的,只有懂得规则,才能游刃有余。因此,我们要有以下几点认识:第一,我们是在经营模拟企业,为了运营方便而将内外部环境简化为一系列规则,因此与实际情况有一定差别,不必在规则上较真;第二,虽然是模拟经营,但是切不可将它当成简单的游戏,要将它当成真实的企业来经营,要有争强好胜的斗志;第三,要正确对待自己的角色,在一个企业中,每个人都担任着不同的角色,每个角色都有其他角色不可替代的作用，因此每个角色都是重要的，都值得重视，都应该用心做好。

为了使本实训取得预期效果，现将实训的目的和任务、实训方式、时间安排、实训要求与组织管理等内容阐述如下。

1.0.1 实训的目的和任务(课程目标)

(1) 了解企业与企业的组织架构，认清沙盘模拟与真实企业之间的关系。

(2) 理解企业岗位职能的作用，以及知识管理、技能培训等人力资源管理的重要性；掌握各个角色的任务和作用，深刻认识你所担任角色的作用和任务；熟练掌握竞赛规则，按照企业运营流程，履行你所担负的职责。

(3) 亲身体验一个企业管理的完整流程，包括物流、资金流、信息流的协同，理解企业实际运营中各个部门管理人员的相互配合。

(4) 了解各种基础信息的获取流程，以及信息流对企业决策的关键作用。

(5) 理解现金流控制的重要性，体验企业财务管理的全部流程，以及贷款、融资、资产回报率、权益回报率等对绩效考核的作用。

(6) 理解企业中销售订单、原料采购、产品销售、生产、库存等物流管理的相互协调，以及产销排程、成本控制、合理开支等概念的理论和方法。

(7) 分析与预测企业营销环境，找准市场的切入点，合理进行市场投入、品牌建设，以及深刻剖析竞争对手，制定适合自己的企业战略。

(8) 理解数字企业的六大特征，以及技术如何支撑企业数字化转型；理解数字化转型的必要性和紧迫性。

(9) 团队协作，努力争取竞赛的胜利；做好实训总结，获得最大的收获。

(10) 激发低年级学生学习专业课的兴趣；使高年级学生学会理论联系实际，能够学以致用。

1.0.2 实训方式

(1) 本实训的主要方式：将学生分成若干组，组成若干个企业的管理团队(每个管理团队4人或5人)，利用沙盘模拟企业经营，进行竞赛对抗。每个学生在模拟企业经营的过程中都将担任一定的角色。

(2) 总结交流，分为模拟企业内部的总结交流和竞争企业之间的总结交流。这是本实训的重点。

1.0.3 时间安排

本实训主要分为四个阶段。建议各阶段安排如下。

第一阶段，实训动员和规则介绍。一般安排在周一上午，指导教师进行实训动员，介绍第一篇"导入篇"的主要内容，使学生掌握竞赛规则和企业运营流程。

第二阶段，模拟企业经营竞赛。一般从周一下午开始到周三结束，在指导教师的监督下，学生按照竞赛规则利用沙盘模拟企业4年或6年(依据所选规则而定)的经营并进行竞赛。

第三阶段，撰写实训报告和模拟企业经营内部总结。一般安排在周四进行，由每个学生按照实训总结报告的要求撰写报告，并进行模拟企业经营内部总结。

第四阶段，实训总结与交流。一般安排在周五上午进行，由各模拟企业派代表做主旨发言，总结模拟企业经营的成败得失，指导教师做必要的点评，允许并鼓励其他学生发言，谈谈感受和体验。

以上时间安排仅供参考，具体安排以指导教师公布的时间为准。

1.0.4 实训要求

(1) 每个学生都要参与所有的实训流程，并负责一个具体的工作岗位。

(2) 实训前要认真学习本实训手册的相关内容，明确实训目的、任务和相关要求，确保实训效果。

(3) 在实训过程中，要端正实训态度，树立良好的团队精神。

(4) 在实训过程中，要特别注意人身和财物的安全。

(5) 遵守实训纪律，保证按时出勤，并完成相关任务；遵守国家法律法规，遵守实训教室的相关规定，听从安排。

(6) 做好实训记录，记好实训日记，为撰写实训报告做好准备工作。

(7) 认真撰写个人实训报告和模拟企业经营实训报告，字数分别不少于3 000字和4 000字。模拟企业总经理的个人实训报告与模拟企业经营实训报告要合一。

1.0.5 组织管理

(1) 学生分组由指导教师根据实际情况掌握。

(2) 角色分工由各团队自行协商产生。

(3) 实训期间，各模拟企业的总经理应管理好自己企业的人员。

1.1 认识企业经营沙盘模拟

1.1.1 "ERP企业经营沙盘模拟"释义

对于沙盘，其实我们并不陌生。在电视上，我们经常可以看见叱咤风云、挥斥方遒的将军在沙盘面前指挥千军万马；在日常生活中，房地产开发商通常会制作小区规划布局沙盘，以利于房屋销售。如此，不一而足。这些沙盘都清晰地模拟了真实的地形、地貌或格局，使其服务的对象不必亲临现场，也能对相关情况了然于胸，并可从宏观的角度全面审视所处的环境，从而运筹帷幄、决胜千里。

企业经营沙盘模拟就是利用类似上述的沙盘理念，采用现代管理技术手段——ERP(Enterprise Resource Planning，企业资源计划)来实现模拟企业的真实经营，使学生在模拟企业经营的过程中得到锻炼、启发和提高。企业资源包括厂房、设备、物料、资金、人员，甚至包括企业上游的供应商和下游的客户等。企业资源计划的实质是使企业在资源有限的情况下，合理组织生产经营活动，降低经营成本，提高经营效率，提升竞争能力，力求做到利润最大化。可以说，企业的生产经营过程也是对企业资源的管理过程。

模拟意味着我们面对的不是一个真实的企业，而是具备真实企业主要特征的模拟企业。数智沙盘模拟实训课程就是针对一个模拟企业，把该模拟企业的关键运营环节——战略规划、资金筹集、市场营销、产品研发、生产组织、人员配备、物资采购、设备投资与改造、财务核算与管理等设计为课程的主体内容，把企业运营所处的内外部环境抽象为一系列的规则，由受训者组成若干个相互竞争的模拟企业，每个受训者在模拟企业中都担任一定的角色，如总经理、财务总监、营销总监、生产总监、采购总监、人力资源总监等，通过模拟企业4年或6年的经营并进行对抗(竞赛)，使受训者在分析市场、制定战略、营销策划、组织生产、人员配备、财务管理和原材料采购等一系列活动中，领悟科学管理的规律，提升管理能力，并深刻体会理论联系实际的重要性。

这是一种全新的体验式教学手段和方法——既能让受训者全面学习、掌握经济管理知识，又可以充分调动受训者学习的主动性和参与性，使受训者身临其境，真正感受到一个企业经营者直面市场竞争的精彩与残酷，承担起经营的风险与责任，从而综合提升受训者的经营管理素质与能力。

1.1.2 模拟企业组织架构

任何一个企业在创建之初都要建立与本企业类型相适应的组织结构。合理的组织结构是保证企业正常运转的基本条件。沙盘模拟实训课程通常采用简化的企业组织结构，主要角色包括总经理、财务总监、营销总监、生产总监、采购总监、人力资源总监等。

1. 总经理

总经理负责制定和实施公司总体战略与年度经营规划；建立和健全公司的管理体系与组织结构，从结构、流程、人员、激励四个方面进行优化管理，实现管理的新跨越；主持公司的日常经营管理工作，实现公司的经营管理目标和发展目标。

现代企业的治理结构分为股东会、董事会和经理班子三个层次。在沙盘模拟实训中省略了股东会和董事会，企业所有重要决策均由总经理带领团队成员共同决定，如果大家意见不同，则由总经理拍板决定。做出有利于企业发展的战略决策是总经理的根本职责，总经理还要控制企业按流程运营，以保障企业顺利运行。此外，总经理在实训中还要特别关注每个人是否能胜任其岗位，尤其是一些重要岗位，如财务总监、营销总监等，如果其不能胜任，就要及时调整，以免影响整个企业的运营及竞赛。

2. 财务总监

在企业中，财务人员与会计人员的职责常常是分离的，他们有着不同的工作目标和工作内容。财务人员主要负责资金的筹集、管理，做好现金预算，管好、用好资金，妥善控制成本。会计人员主要负责日常现金的收支管理，定期核查企业的经营状况，核算企业的经营成果，制定预算及对成本数据进行分类和分析。如果说资金是企业的血液，财务部门就是企业的心脏。财务总监要参与企业重大决策方案的讨论，如设备投资、产品研发、市场开拓、ISO认证等。公司进出的任何一笔资金都要经过财务部门。

在本实训里将上述两大职能归并到财务总监身上，由财务总监统一负责企业资金的预测、筹集、调度与监控。财务总监的主要任务是管好现金流，评估应收款金额与回收期，预估长、短期资金需求，按需求支付各项费用、核算成本，做好财务分析；进行现金预算，洞悉资金短缺前兆，采用经济、有效的方式筹集资金，将资金成本控制在较低水平，管好、用好资金。需要注意的是，资金闲置是浪费，资金不足会破产，应该在两者之间寻求一个有效的平衡点。

3. 营销总监

营销总监的责任主要是开拓市场、实现销售。具体包括：进行需求分析和销售预测，寻求最优市场，确定销售部门目标体系；编制销售计划和销售预算；进行销售团队建设与管理；实施客户管理，确保货款及时回笼；进行销售业绩分析与评估；控制产品应收款账期，维护企业财务安全；分析市场信息，为确定企业产能和产品研发提供依据。

企业的利润是销售收入带来的，销售实现是企业生存和发展的关键。为此，营销总监应结合市场预测及客户需求制订销售计划，有选择性地进行广告投放，运用丰富的营销策略，控制营销成本，取得与企业生产能力相匹配的客户订单，并与生产部门做好沟通，保证按时交货给客户，监督货款的回收，进行客户关系管理。

营销总监还可以兼任商业情报人员的角色，因为营销总监最方便监控竞争对手的情况，如竞争对手正在开拓哪些市场、未涉足哪些市场、在销售上取得了多大的成功、拥有哪类生产线、生产能力如何等。充分了解市场，并且明确竞争对手的动向，有利于今后的竞争与合作。

4. 生产总监

生产总监是企业生产部门的核心人物，对企业的一切生产活动进行管理，并对企业的一切生产活动及产品负最终的责任。生产总监既是生产计划的制订者和决策者，又是生产过程的监控者，对企业目标的实现负有重要责任。生产总监通过计划、组织、指挥和控制等手段实现企业资源的优化配置，为企业创造经济效益。

在沙盘模拟实训中，生产总监参与制定企业经营战略，负责指挥生产运营过程，包括选购、安装、维护、冻结、变卖生产设备等工作，进而权衡利弊，优化生产线组合，保证企业产能。通常来说，生产能力是影响企业发展的重要因素，因此生产总监要有计划地扩大生产能力，以满足市场竞争的需要；同时提供不同时间节点的产能数据，为企业决策和运营提供依据。

5. 采购总监

采购是企业开展生产的首要环节。采购总监的职责包括：各种原料的及时采购和安全管理，从而确保企业生产的正常进行；编制并实施采购供应计划，分析各种物资供应渠道的优劣及市场供求变化情况，力求在价格和质量上把好第一关，为企业生产做好后勤保障；进行供应商管理；进行原料库存的数据统计与分析。

在沙盘模拟实训中，采购总监负责依据生产计划制订采购计划、与供应商签订供货合同、按期采购原料并向供应商付款、管理原料库(注意原材料的保质期)等具体工作，以确保在合适的时间采购合适的品种及数量的原料，保证正常生产。在用友新道物理沙盘、创业者电子沙盘、新商战电子沙盘和约创云平台电子沙盘里都单独设有此角色，但是在数智沙盘里该职能由生产总监一并承担，不再单独设采购总监岗位。

6. 人力资源总监

进入21世纪后，国民经济的核心是企业，企业的核心是人才，人才是现代企业的核心竞争力。一流的企业是由一流的人组成的，优秀的产品是由优秀的人创造出来的，人力资源是企业的第一资源。人力资源总监负责企业的人力资源管理工作，具体包括企业组织架构设计、岗位职责确定、薪酬体系安排、人员招聘、考核与激励等。

在用友新道物理沙盘、创业者电子沙盘、新商战电子沙盘和约创云平台电子沙盘里一直都没有单独设立此角色，但是在数智沙盘里单独设立了人力资源总监。

1.1.3 关于企业生存与破产

企业在市场上生存下来的基本条件包括：一是以收抵支；二是到期还债。

如果企业出现以下两种情况，就将宣告破产：

(1) 资不抵债。当企业取得的收入不足以弥补支出时，所有者权益就会为负，企业就会破产。

(2) 现金断流。当企业到期的负债无力偿还时，企业也会破产。

1.2 认识所要经营的企业

1.2.1 市场前景与股东期望

案例背景：

这是一家标准的离散型制造企业，长期专注于P系列产品的生产与销售。目前生产的P1产品在当地市场知名度很高，客户也很满意。企业拥有自己的生产线，尽管相对落后，但运行状态良好。最近，一些机构对该行业进行大范围的调研分析后，认为P系列产品虽然当前发展一般，但进行技术改良后，将会发展成为一种高科技产品。为了公司在未来几年能够跻身同行业的前列，公司董事会决定将企业交给一批职业新人去发展，并希望新管理层能够做到以下几点。

(1) 投资新产品的开发，使公司的市场地位得到进一步提高。
(2) 开拓新市场，进一步拓展市场领域。
(3) 扩大生产规模，使用新设备与新手段，提升生产效率。
(4) 投资新技术，让企业得以进入数字化时代。

1.2.2 公司发展现状

目前，落后的生产线已经全部处理变卖，等待新上任的管理团队重整旗鼓。公司只有现金30万元，股东权益30万元，初始资产负债表如表1-1所示(注意：此处以实训时具体采用的规则为准)。

表1-1 资产负债表 单位：万元

资产		金额	负债和所有者权益		金额
流动资产：			负债：		
货币资金	+	30	短期借款	+	0
应收账款	+	0	应付账款	+	0
在制品	+	0	应交税费	+	0
成品	+	0	一年内到期的非流动负债	+	0
原料	+	0	长期借款	+	0
流动资产合计	=	30	负债合计	=	0
非流动资产：			所有者权益：		
土地及厂房	+	0	实收资本	+	30
生产设施	+	0	利润留存	+	0
在建工程	+	0	年度净利润	+	0
非流动资产合计	=	0	所有者权益合计	=	30
资产总计	=	30	负债和所有者权益总计	=	30

新聘任的管理团队将分别担任总经理、财务总监、营销总监、生产总监和人力资源总监。请运用你们所学的知识，根据公司的现状以及未来的市场预测去经营自己的公司吧，相信你们在未来的几年里能够闯出属于自己的一片天地！

1.2.3 消费者市场

1. 产品

P系列产品划分为三种，分别称之为P1、P2、P3。

P1：目前市场的主导产品，需求量大，价格稳定。

P2：在P1基础上发展的新兴产品，在技术上进行了一定的改良。

P3：P系列产品的高端产品，内含尖端科技。

2. 特性

P系列产品在整个市场上，经过诸多竞品企业的发展淘汰，目前有三种特性为消费者广泛接受。

T1：被广大消费者接受的特性。

T2：爱好者最喜欢的特性。

T3："发烧友"最看重的特性。

产品与特性可以任意组合，因此未来可以形成九种不同的产品与特性组合。

3. 市场

P系列产品能够投放的市场主要有三个。

M1：一般命名为本地市场，代指最基础、最近的市场环境。

M2：一般命名为区域市场，代指更大范围，形成区域的市场环境。

M3：一般命名为国内市场，代指覆盖全国的市场环境。

不同的市场，因为其消费者的不同，所需求的产品、特性各不相同，系统里已经由权威机构给出分析数据。可以通过市场调研查看。

1.3 数智沙盘操作指导

下面介绍各角色的具体操作，以及相关规则。

1.3.1 教师操作

登录数智企业经营管理沙盘，首界面如图1-1所示。

图 1-1　数智企业经营管理沙盘首界面

如何建立实训或比赛？首先，通过"案例开发—新建案例"，建立学校信息，如图1-2所示。

注意：

案例背景可以随时更换，比如2022年第十八届全国大学生创新创业沙盘模拟经营大赛国赛案例就有大象食品、红星实业、小迪车业、有为科技等。

图 1-2　建立学校信息

其次，通过"沙盘教学班—新建班级"，建立教学班信息，如图1-3和图1-4所示。

图 1-3　新建教学班

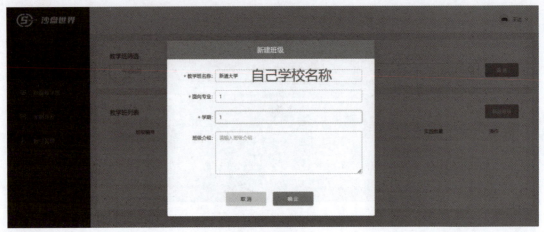

图 1-4　编辑教学班信息

然后，可以通过选择"教学班筛选"(图1-5)或"实践筛选"(图1-6)进入教学班。图1-7所示为选择"实践筛选"来新建实践的班级。

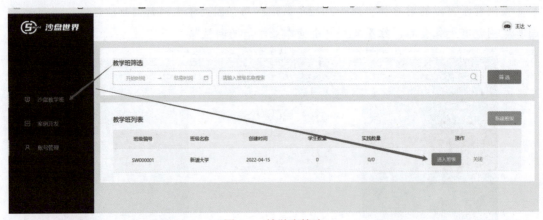

图 1-5　教学班筛选

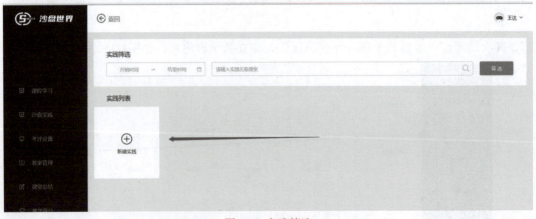

图 1-6　实践筛选

图 1-7　新建实践的班级

最后，导入学生信息。进入图1-8所示的界面，向下滑动界面找到"导入学生"按钮，按照提示进行导入。

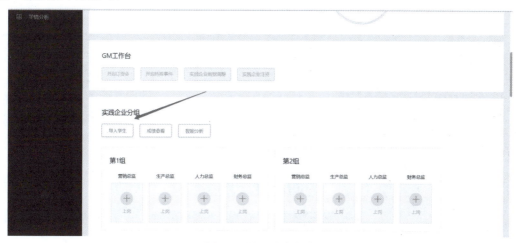

图 1-8　导入学生信息

下载批量导入模板，如图1-9所示。

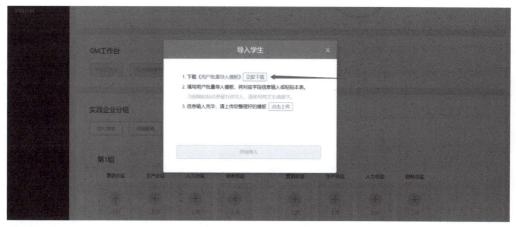

图 1-9　下载批量导入模板

以第1、2组为例，模板填写如图1-10所示。

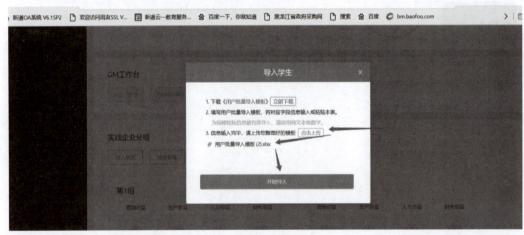

图1-10　模板内容填写

上传模板，并单击"开始导入"按钮，如图1-11所示。

图1-11　上传模板

如图1-12所示，导入成功。学生账号为导入的手机号，密码默认为"123456"。

教师单击"开始实践"按钮,学生即可开始经营,如图1-13所示。

图1-13　开启实践

1.3.2　数智沙盘主要角色及其职责

1. 首席执行官

首席执行官的职责如图1-14中所描述。

图1-14　首席执行官职责

2. 营销总监

营销总监的职责如图1-15中所描述。

图 1-15　营销总监职责

3. 生产总监

生产总监的职责如图1-16中所描述。

图 1-16　生产总监职责

4. 财务总监

财务总监的职责如图1-17中所描述。

图 1-17 财务总监职责

5. 人力资源总监

人力资源总监的职责如图1-18中所描述。

图 1-18 人力资源总监职责

1.3.3 企业经营流程

(1) 经典的企业经营管理画布如图1-19所示。

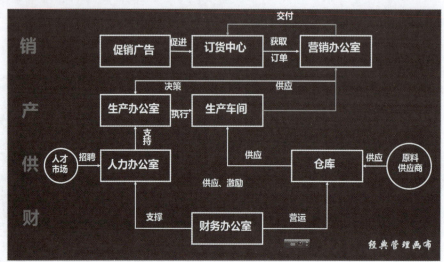

图 1-19　企业经营管理画布

(2) 企业经营流程如图1-20所示。

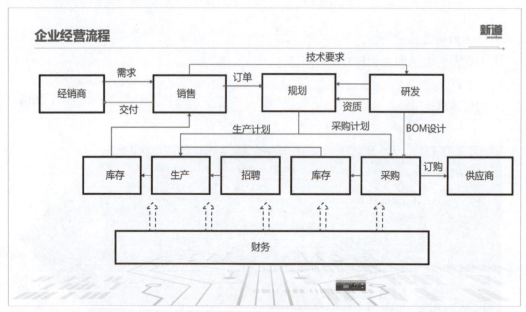

图 1-20　企业经营流程

(3) 数智沙盘中各角色之间的关系如图1-21所示。

图1-21　数智沙盘中各角色之间的关系

(4) 数智沙盘中的总经理界面如图1-22所示。

图1-22　总经理界面

注意：

在数智沙盘中只有四个操作角色，分别是财务总监、人力资源总监、生产总监和营销总监，见上图右侧的四个按钮，没有CEO/总经理的具体操作，其职能分散在以上四个操作角色里了。

1.3.4　各角色具体操作

1. 财务总监

财务总监主要承担融资管理、应收账款管理、应付账款管理、费用管理、预算控制和报表管理(见财务总监界面右侧的六个按钮)。

(1) 在数智沙盘的总经理界面中，首先由财务总监创建公司。企业名称、行业类型、企业愿景、企业宣言等由团队成员商定后，财务总监进行录入，如图1-23所示。

图1-23　创建公司

(2) 财务总监进行预算控制管理，如图1-24所示。各部门要使用经费需向财务总监提出申请。

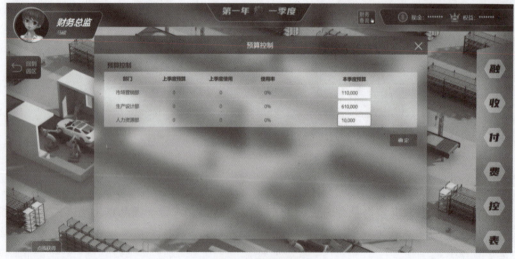

图1-24　预算管理

(3) 财务总监进行融资管理，如图1-25所示。直接融资还是间接融资、贷不贷款、贷多少款、长贷还是短贷等，均由财务总监进行操作。

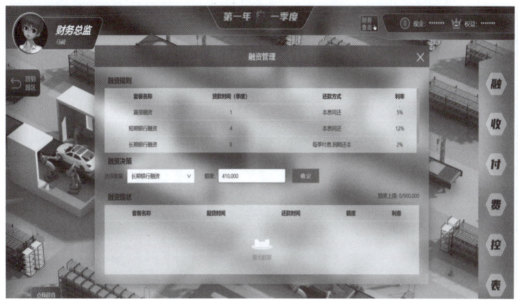

图1-25　融资管理

(4) 财务总监进行费用管理，如图1-26所示。财务总监负责缴纳各种财务费用和管理费用。

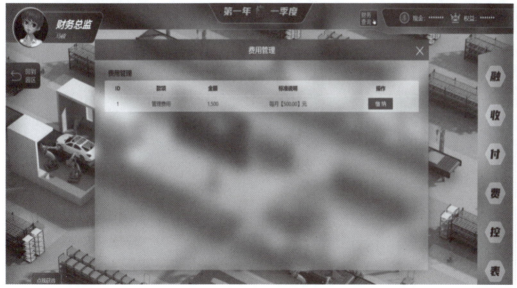

图1-26　费用管理

(5) 财务总监进行应付账款管理，如图1-27所示。财务总监负责支付应付账款。

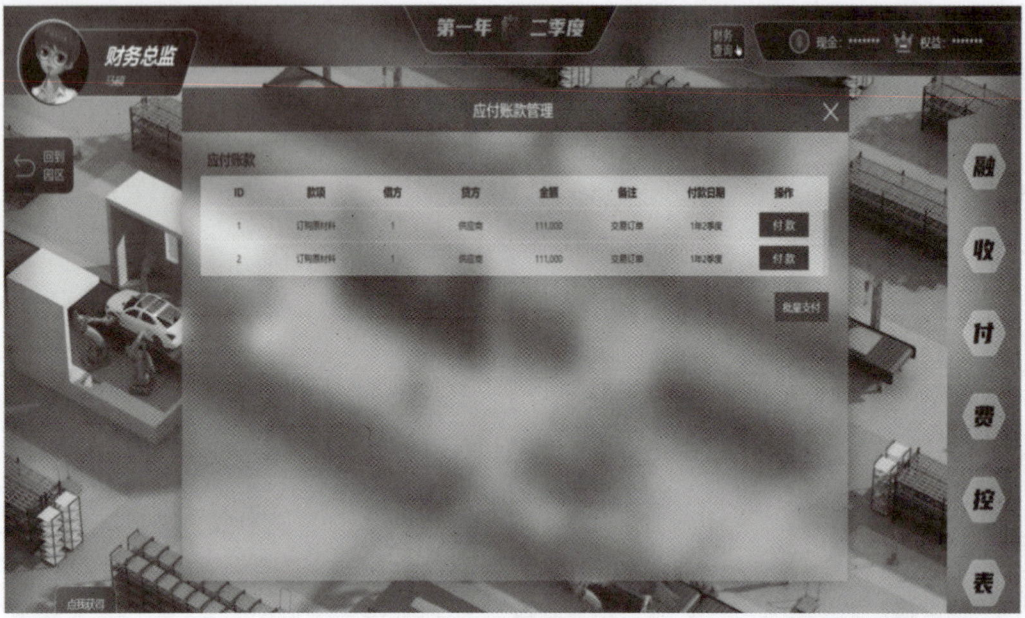

图 1-27 应付账款管理

(6) 财务总监进行应收账款管理，如图1-28所示。财务总监负责收应收账款或应收账款贴现等。

图 1-28 应收账款管理

(7) 财务总监负责财务报表管理，如图1-29所示。

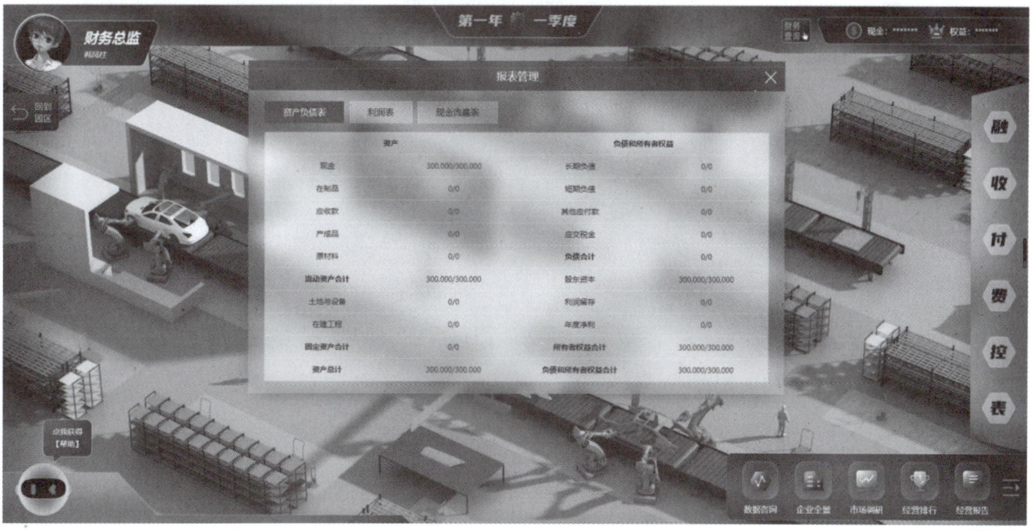

图 1-29　报表管理

2. 营销总监

营销总监界面如图1-30所示。营销总监负责营销渠道管理、产品管理、促销管理、竞单管理和销售管理，见右侧五个按钮。

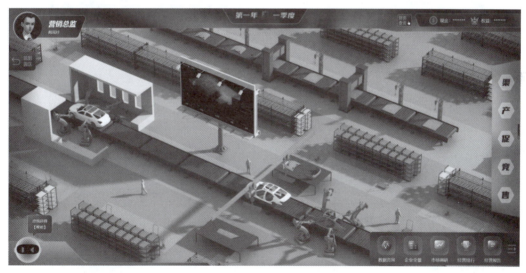

图 1-30　营销总监界面

(1) 营销总监负责营销渠道管理，如图1-31所示。开发什么市场、什么时候进行开发等都由营销总监进行操作。

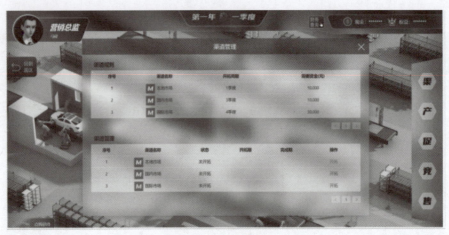

图 1-31　渠道管理

(2) 营销总监负责产品管理,如图1-32所示。开发什么产品、什么时候进行开发等都由营销总监进行操作。

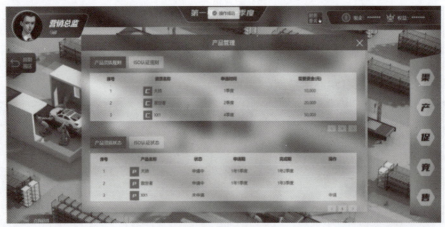

图 1-32　产品管理

(3) 营销总监负责产品质量ISO认证,如图1-33所示。

图 1-33　产品质量 ISO 认证

(4) 营销总监负责促销管理,如图1-34所示。投放多少广告、在哪个市场投放等都由营销总监进行操作。

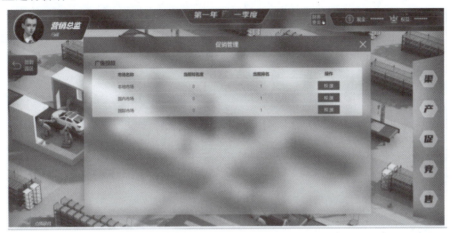

图1-34　促销管理

(5) 营销总监负责订单申报,如图1-35所示;同时负责凭单管理,如图1-36所示。

图1-35　订单申报

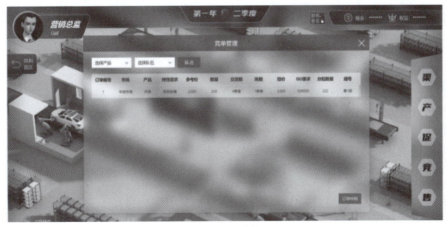

图1-36　凭单管理

（6）营销总监负责交付订单，如图1-37所示。

图1-37　交付订单管理

（7）营销总监负责竞单管理，如图1-38所示。竞单在年中进行。

图1-38　竞单管理

注意：

以往的沙盘都是在年初进行竞单。

3. 生产总监

生产总监界面如图1-39所示。生产总监主要负责工人管理、机器设备管理、物料库存管理、设计管理和研发管理。

（1）生产总监负责生产设备管理，如1-40和图1-41所示。建什么生产线、什么时候建等都由生产总监进行操作。

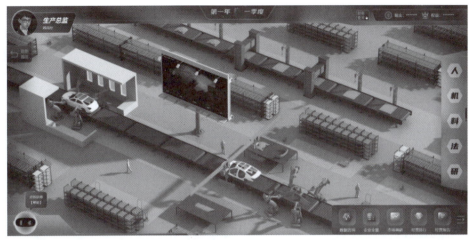

图 1-39　生产总监界面

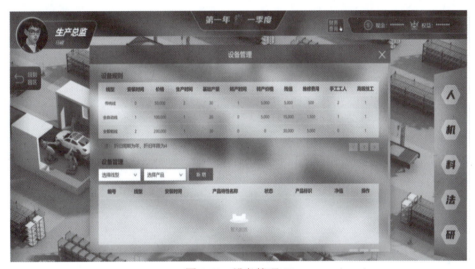

图 1-40　设备管理 (1)

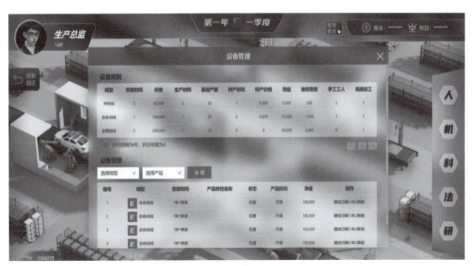

图 1-41　设备管理 (2)

生产总监负责更新BOM(物料清单)，如图1-42所示。

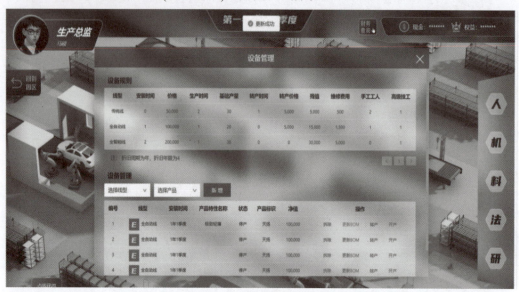

图1-42　BOM(物料清单)更新

生产总监负责生产线开产，如图1-43所示。

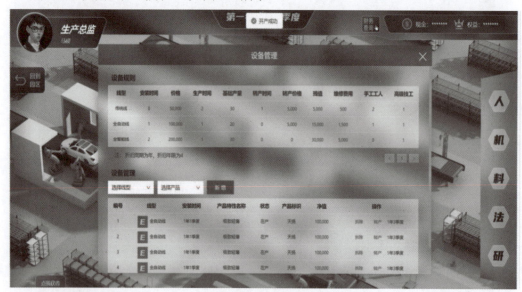

图1-43　生产线开产

生产总监负责生产线转产,如图1-44所示。

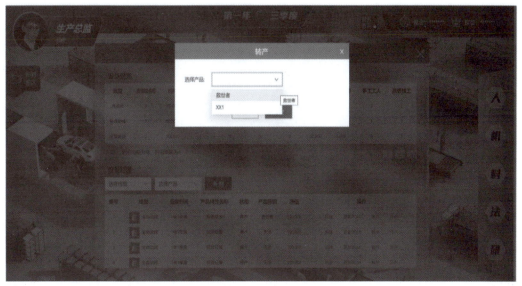

图1-44　生产线转产

(2) 生产总监负责库存管理,如图1-45所示,包括原料订单、原料库存和产品库存等。什么时候买材料、买什么材料等也由生产总监进行操作。

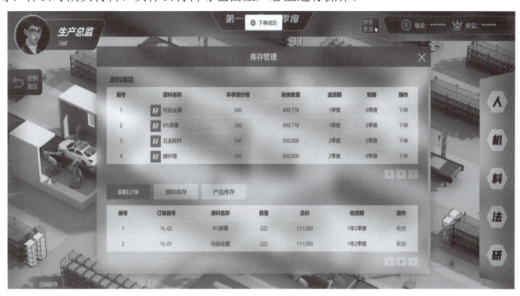

图1-45　库存管理

生产总监收取材料,如图1-46所示。

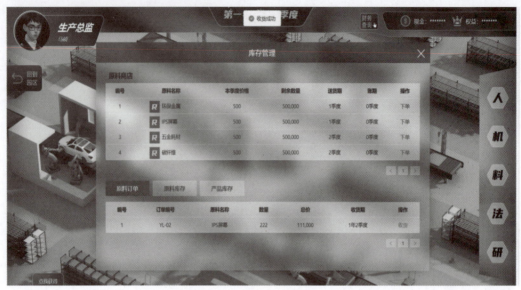

图1-46　收取材料

(3) 生产总监负责工人管理,如图1-47所示。设置班次、使用工人等都由生产总监进行操作。

图1-47　工人管理

(4) 生产总监负责产品设计管理,如图1-48所示。设计什么产品、什么时候设计等都由生产总监进行操作。

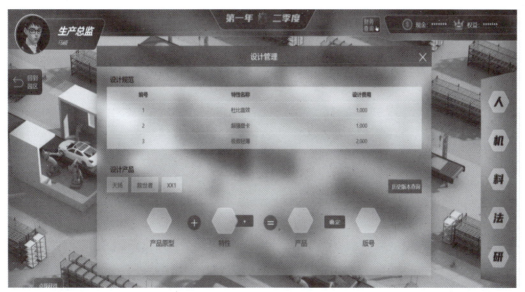

图1-48　产品设计管理

(5) 生产总监负责产品研发管理，如图1-49所示。

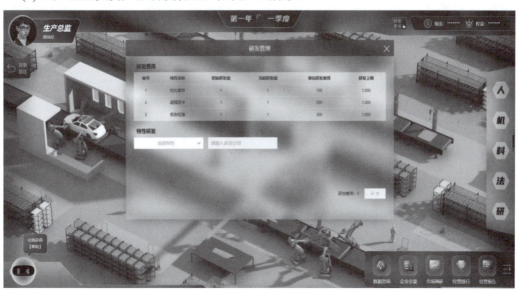

图1-49　产品研发管理

4. 人力总监

人力资源总监主要负责选人、用人、育人和留人，如图1-50右侧所示的四个按钮。

(1) 人力资源总监负责OFFER管理(图1-50)和招聘管理(图1-51)。用什么样的薪酬从外部招聘员工、招多少员工等都由人力资源总监进行操作。

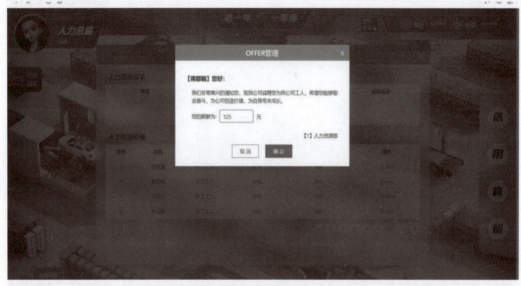

图1-50　OFFER管理

图1-51　招聘管理

(2) 人力资源总监负责激励管理，如图1-52所示。对员工进行涨薪等由人力资源总监进行操作。

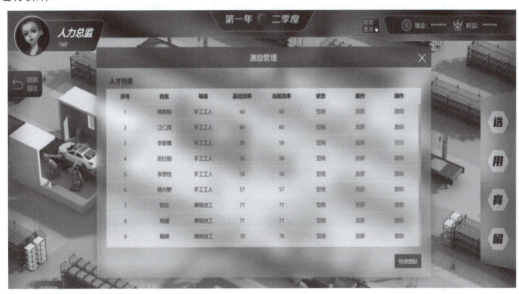

图 1-52　激励管理

(3) 人力资源总监负责发薪，如图1-53所示。

图 1-53　统一发薪

(4) 人力资源总监负责培训管理，如图1-54所示。通过培训可以提高生产效率。

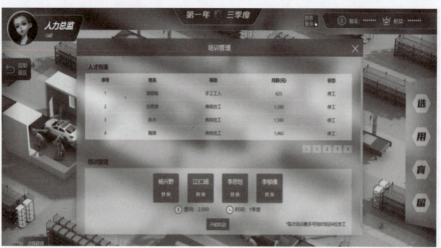

图 1-54　培训管理

(5) 人力资源总监负责员工岗位管理，如图1-55所示。

图 1-55　员工岗位管理

1.4　模拟企业经营规则示例

以下提供规则示例(注意：此处以实训时具体采用的规则为准)。

1.4.1　营销总监相关规则

1. 订货大会

在沙盘模拟实训中，销售是通过订货大会来实现的，也叫作竞单。顾名思义，受训者要去竞争一个一个的销售订单。竞单方式为填写申报数量和申报价格。申报数量为能提供多少该产品，申报价格为以什么价格出售。

"竞"体现在价格、知名度和技术上。以往沙盘都是在年初竞单，数智沙盘则是在年中竞单，比如第十八届全国大学生创新创业沙盘模拟经营大赛(辽宁赛区)分别在1年2季度、3季度，2年1季度、2季度，3年1季度、2季度和4年1季度、2季度竞单。

竞单规则：每张订单，综合评分越高的，越优先选单；按照排名依次顺延，直到经销商被满足。

规则解释如下。

1) 订单申报

(1) 选手以队为单位进行订单申报，可同时进行所有市场、产品的订单申报，即选择一张订单，填写数量和价格。申请产品的数量将被显示在订单表的申报详情栏中。

(2) 所有岗位均可进行任何市场的订单申报，当多次对同一张订单进行申报时，系统只接受最新一次点击申报的产品数量。

(3) 在申报处，输入"0"，则为取消该市场申报的订单。

2) 订单分配

(1) 申报分组

① 并非企业申报即入围，入围需要条件。

② 入围有三个条件：企业有订单中的市场资质；企业有订单中的ISO资质；企业报价未超过参考价。

③ 每个订单生成入围列表。

(2) 标的分配

① 根据公式 Y=知名度(即等同于广告费)+市场占有率(初始值为1)×商誉值×(参考价-报价)+1000×特性值(即生产管理特性研发值)，算出各队伍得分。

② 市场占有率，表示上次在该市场获取的订单数量在该市场的百分比，网络营销的销售量不算在内。

③ 得分最高的队伍，可以获得所申报的全部数量。

④ 按照排名顺次分配，直到数量不足。

⑤ 当所剩数量不足分配时，只分配剩余数量。

⑥ N组分数相同时，分配顺位相同；当剩余数量A不满足其申报数量时，抽取其中最小的申报数量M，每队分配M数量；若A还小于$N×M$，则每队分配$A÷N$(向下取整)的订单。

2. 促销广告

促销广告在广告投放页面(如图1-34所示)中进行广告费投放。每个市场分别投放，互不影响；广告形式为促销广告，即持续时间有限，每次选单后即失效；广告费与知名度比为1:1。

规则解释：

(1) 促销广告用于提升某一市场的企业知名度，企业知名度是计算分单得分的一个因素，得分越高者，越有选单的优先权；越靠前选单的企业，越容易分到想要的订单。

(2) 促销广告可在竞单前任意时间投放，其有效期仅用于一次竞单，竞完单后，企业知名度归零。竞单时无法投放。

(3) 促销广告分市场投放，每个市场投放的广告只影响本市场当季的企业知名度得分。

(4) 促销广告可在竞单开始前多次投放，总额度依次累计叠加。

3. 销售订单解读(见表1-2)

表1-2　订单模板

订单编号	市场	产品	特性需求	参考价	数量	交货期	账期	ISO要求

规则解释：

(1) 市场：该订单属于哪个市场，即需要哪个市场资质。

(2) 产品：该订单需要哪个产品，即要交付哪个产品。

(3) 特性需求：该订单需要哪个产品特性，即要求交付的产品要带有此特性。

(4) 参考价：经销商提供的参考价，报价不得超过此价格，否则无法入围。

(5) 数量：该经销商所需求的产品数量，可由多家制造商来满足。

(6) 交货期：在本年度的第X季度或之前需要交付产品。

(7) 账期：产品交付后，X季度后应收货款到账。

(8) ISO要求：需要制造商通过相关的ISO资质认证。

4. 销售订单交付规则

销售订单为企业在竞单中申请并完成分配后，企业所获取的订单。

规则解释：

(1) 订单状态。当年分配的所有订单，均可在销售总监的【售】任务页面中查询，且显示交货状态。

(2) 所有订单必须在订单规定的交货季度前(包括本季)，按照订单规定的数量交货，订单不能拆分交货。

(3) 交货季度后仍未完成交货的订单，产生违约金，并且扣除 1 点商誉值；原订单显示违约状态的，不能执行交货操作。

(4) 点击交货时，判断库存中符合条件的产品是否充足。(产品、特性)若充足，则扣除相应数量的产品库存，交货完成日期为应收账款的起点日期。

(5) 当本订单为已交货状态，订单成本列显示在表格中。

5. 市场开拓规则(见表1-3)

表1-3 市场开拓规则

市场名称	编码	消耗金钱(元)	消耗时间(季)
北方市场	M1	10 000	1
南方市场	M2	20 000	3
亚太市场	M3	30 000	4

在沙盘模拟实训里,复杂的工作被简化成两件事:花钱和花时间。

每个市场、产品、资质需要花费的金钱和时间是不同的;决策者可随时决定是否投资;投资后不会立即获得,需要经过所需要的时间后方可获得。

规则解释:

(1) 以投入资金的季度开始计时,经过消耗时间(季)之后,完成开拓。

(2) 开拓市场资金,一次性扣除,期间无法中断和加速。

(3) 开拓完成后,系统自动授予市场资质(如1年2季开拓南方市场,则在2年1季才可在该市场销售产品)。

(4) 只有获得市场资质后才允许在该市场销售产品。

6. ISO质量认证规则(见表1-4)

表1-4 ISO质量认证规则

认证名称	认证编码	消耗金钱(元)	消耗时间(季)
ISO9000	RZ1	10 000	1
ISO14000	RZ2	10 000	3
ISO20000	RZ3	20 000	4

规则解释:

(1) 以投入资金的季度开始计时,经过认证周期之后,完成认证。

(2) 认证ISO资金,一次性扣除,企业无法中断或加速。

(3) 投资认证到期后,系统自动授予产品认证资质(如1年1季认证ISO9000,则在1年2季才可使用该资格)。

(4) 只有获得认证资格后,才允许选取有该资格的订单。

7. 产品生产资质(见表1-5)

表1-5 产品生产资质

产品名称	消耗时间(季)	消耗金钱(元)
Nova666	1	10 000
P888	2	20 000
Mate999	4	50 000

规则解释：

(1) 以投入资金的季度开始计时，经过消耗时间(季)之后，完成研发。

(2) 申请产品资金，一次性扣除，期间无法中断和加速。

(3) 投资研发到期后，系统自动授予产品生产资质(如1年2季研发P888，则在1年4季才可生产该产品)。

(4) 已获得产品生产资质后才允许生产线开工生产。

(5) 无产品资质，依然可选取订单(如1年2季选单时，可选择P888产品的订单)。

(6) 产品应当配合特性开产，具体如何搭配的详细规则看市场调研。

8. 零售市场(见表1-6)

表1-6 零售市场

季度	目标产品	单价承受能力(元)	看重特性	每季购买数量
6	P888	4 000	时尚影像	1 000
6	P888	4 100	高端商务	1 000
8	P888	4 000	时尚影像	1 000
8	P888	4 100	高端商务	1 000
10	P888	4 200	时尚影像	1 000
10	P888	4 300	高端商务	2 000
10	Mate999	6 000	青春旗舰	2 000
10	Mate999	6 100	时尚影像	1 000
10	Mate999	6 200	高端商务	2 000
12	P888	4 200	时尚影像	2 000
12	P888	4 300	高端商务	2 000
12	Mate999	6 200	时尚影像	2 000
12	Mate999	6 200	高端商务	2 000
14	Mate999	6 400	时尚影像	3 000
14	Mate999	6 400	高端商务	3 000
16	Mate999	6 400	时尚影像	3 000
16	Mate999	6 400	高端商务	3 000

规则解释：

(1) 根据企业上架的种类，决定去满足哪些市场需求。

(2) 单价承受能力是用户在零售市场销售产品可承受的最高价格。

(3) 企业在申请订单时，所输入的价格应具备两个条件：①不应高于单价承受能力中所列的价格；②定价的取值范围，设M=该产品图样的原料价值之和(从规则表里读取)，输入范围取 $M \sim 5M$ 之间。

(4) 根据会员指数得出零售指数，零售指数 Y=会员数×(单价承受能力-定价)×0.01。

(5) 根据各队的上架量，得出竞争指数。零售指数小于等于上架量，则竞争指数=零售指数；零售指数大于上架量，则竞争指数=上架量。

(6) 根据入围队伍的竞争指数，计算出销量。若各队伍的竞争指数之和，小于等于市场需求数量，则销量=竞争指数；若各队伍的竞争指数之和，大于市场需求数量，则按照比例进行分配(向下取整)，得出销量。

(7) 季度跳转时，自动扣除等同于实际销量的相应产品，入库日期早的优先。

1.4.2　生产总监相关规则

1. 产品设计规则(见表1-7)

表1-7　产品设计规则

特性名称	编码	成本加成	设计费(元)	升级单位成本(元)	初始值	上限
青春旗舰	T1	0	1 000	100	1	1 000
时尚影像	T2	0	1 000	200	1	1 000
高端商务	T3	0	2 000	300	1	1 000

规则解释：

(1) 在产品原型中选择对应的产品名称(P1、P2、P3)+特性(T1、T2、T3)即组成全新的产品，设计完成时需支付设计费用。

(2) 每次设计完成后，均有个版本号，版本号按照设计次数，从1.0开始，1.1、1.2……依次类推。每次设计需重新支付设计费用(无论是否设计过)。

特性研发管理相关规则：

如表1-7所示，初始特性研发值为 1，每次研发目标值不得小于当前值，输入目标之后，计算出研发所需费用，费用=(目标值-当前值)×单位研发费用。单击研发按钮，立刻扣除费用。特性研发增加有助于企业获取订单。

2. 原材料(见表1-8)

表1-8　原材料

材料名称	编码	基础价(元)	数量	送货周期(季)	账期(季)
昆仑玻璃	R1	500	500 000	1	0
SD1电池	R2	500	500 000	1	0
IMX800镜头	R3	500	500 000	2	0
9100S芯片	R4	500	500 000	2	0

规则解释：

(1) 原料为生产产品必备条件之一，在原料市场中，公司可向供应商购买原材料。

(2) 基础价格为购买材料需支付的价格。

(3) 剩余数量会随着各个企业的购买更新。

(4) 需根据实际使用原料时间，提前订购原材料，订购原材料时无须支付费用；订货期+送货周期，为可收货日期(如1年1季订购昆仑玻璃50个，则1年2季才可对昆仑玻璃进行收货和使用)；订购的原材料无法撤销。在收货季度当季可进行收货操作；若当季未完成收货操作，系统自动完成收货，并扣减企业商誉值。

(5) 收货完成后，自动产生应付账款，账期即为应付账款的期限，表示多长时间内需要付款(收货下单时无须付款，但该部门需要预算费用)。

3. 产品图样(见表1-9)

表1-9 产品图样

产品名称	产品编号	碳排放量	昆仑玻璃	SD1电池	IMX800镜头	9100S芯片
Nova666	P1	0	1	1	0	0
P888	P2	0	1	1	1	0
Mate999	P3	0	2	1	2	1

产品图样规则是一个产品构成所用的原料种类和数量，如表1-9所示。组织生产时，需要按照此配方准备原料。

图样设计是将原型产品和特性进行组合的过程。选择一个原型产品，再选择一个特性，支付费用后，即可设计完成。更改设计、重复设计都要重新支付费用。

注意：

更改设计后，需要在生产线上更新图样，否则生产线还会按原设计生产。

生产线生产有以下先决条件：

(1) 需拥有该产品生产资质。

(2) 有充足的原材料。

(3) 生产线是否停产状态。

(4) 工人是否配置好。

(5) BOM表更新完成。

(6) 现金是否充足。

4. 生产线规则(见表1-10)

表1-10 生产线

线型名称	购买价格(元)	安装周期(季)	生产周期(季)	产量	转产周期(季)	转产价格(元)
传统线	50 000	0	2	80	0	5 000
全自动线	100 000	1	1	100	1	5 000
全智能线	200 000	3	1	200	0	0

线型名称	残值(元)	维修费用(元)	需要普通工人	需要高级工人	碳排放量	
传统线	5 000	5 000	500	2	1	0
全自动线	5 000	15 000	1 500	1	1	0
全智能线	0	30 000	5 000	0	0	0

数智沙盘不分厂房，而是使用整个厂区的概念进行模拟。

规则解释：

(1) 设备有三种线型，分别为传统线、全自动线、全智能线，新建生产线时均可自主选择(不同的规则，生产线名称不同)。

(2) 生产线的购买价格为一次性费用，期间无法中断或加速。

(3) 安装周期是生产线自购买到可以使用的期限(如1年1季购买安装全自动性线，安装周期为1，则在1年2季即可安装完成，开始使用)。

(4) 生产周期为生产一次产品需要的时间。

(5) 产量为生产线的基础产量(实际产量的计算基数)。

(6) 转产周期为转产一次所需要的季度数。转产条件包括：①只能在停产状态时启动转产操作；②资金账户必须有足够支付转产费用的资金。

(7) 转产价格为转产一次所需花费的金额。

(8) 残值为生产线折旧够年限时，该产品的价值(无论何时，直接出售生产线，均可获得与残值相等的金额)。折旧是指随着生产线的使用，生产线的价值逐年贬值，系统中生产线均折旧4年，按平均年限折旧法进行折旧。折旧额=(购买价格-残值)×4。折旧不会对现金流造成影响，其由系统自动扣除，产线建成满一年开始折旧(如2年1季开始购买安装全智能线，则2年3季度全智能线建成，那么在3年3季跳转到3年4季时，计提折旧)。

(9) 维修费用即生产线维修的费用，生产线建成满一年需交维修费，系统自动扣除(如1年2季购买一条安装周期为0的生产线，则生产线的建成时间为1年2季，维修费等在2年1季跳转到2年2季时扣除)。

(10) 普通工人、高级技工，为该生产线生产产品需要的工人数量。

5. 班次规则(见表1-11)和生产线配比情况(见表1-12)

表1-11 班次规则

班次名称	班次编码	产量加成(倍)	效率损失(%)
8时制	BC1	1	2
12时制	BC2	1.2	50

表1-12 生产线配比情况

线型	安装日期	基础产量	状态	产品标识	班次	手工工人	高级技工	实际产量	操作
传统线	1年2季度	200	停产	Nova666	8小时	2	1	240	保存

规则解释：

工人有两个属性用于生产：等级、效率。

不同的生产线需要不同等级的工人。

工人管理最终目标的实际产能受两个因素的影响：班次、工人效率。

公式为：实际产量基础产量×(1+低级工效率之和/4+高级工效率之和)×班次加成。

(1) 人工管理分为两个板块，设备管理和在职工人。

(2) 在设备管理页面，需要填写"班次""手工工人""高级技工"信息并保存。

(3) 可针对停产状态的生产线，进行人员配置。

(4) 在班次列下，按班次规则，选择一个班次。

(5) 在手工工人和高级技工列下，按照生产线规则，配置产线需要的工人。

(6) 单击保存按钮，实际产量列显示具体数值，产线配置完成。

(7) 班次表示此线生产工人的工作时长，分为8时制和12时制，班次不同，所产出的产能加成不同(注：12小时制一方面工人产量加倍，另一方面工人效率加速降低)。

(8) 实际产量由基础产量、班次、工人效率计算得出。公式为：实际产量=基础产量×(1+手工工人效率÷4+高级技工效率)×班次加成(最终结果向下取整)。其中基础产量在生产线规则表中读取；工人效率，按照实际招聘的工人效率读取；班次加成则在班次规则表中读取。

(9) 在职工人栏列出了本企业已入职的工人，在该页面的招聘需求填报处，填写工人需求，分别包含种类(手工还是高级)、数量、效率等要求。填写完毕后该需求转接到人力资源总监页面。

1.4.3 人力总监相关规则

1. 招聘管理规则(见表1-13)

表1-13 招聘管理规则

序号	任务
1	人力资源需求
2	人力资源市场

规则解释：

(1) 在招聘管理页面中呈现两个画面，其中人力资源需求即为生产总监在【人】任务页面中填写的人员需求招聘(若生产总监没写招聘需求，人力总监也可自行招聘，与生产总监协商好即可)。

(2) 人力资源市场即为人才市场，系统随机投入一批工人，人力总监应当依照等级、基础效率、期望月薪来选择性价比较高人员，选取成功，单击发放OFFER即可(注：人力资源市场不参与竞争，工人不会随各企业发的薪资不同而择优入职)。

(3) 发放 OFFER 时，应当填写工资，工资可随意填写。设开出工资为X、设期望工资为M，当$X \div M < 70\%$时，工人一定不会入职；当$X \div M$取值在70%～100%区间时，工人随机入职；当$X \div M \geq 100\%$时，则工人一定入职。

(4) OFFER发放完成可单击修改用于修改工人工资，以最后一次录入的薪资为准。

(5) 企业开出OFFER后，切到下季度时，可查看员工是否入职。

2. 工人招聘(见表1-14)

表1-14 工人招聘

名称	编码	初始期望工资(元)	计件	每季度数量	效率(%)
手工工人	GR1	500	50	30	50
高级工人	GR2	1 500	100	40	70

规则解释：

(1) 开始生产时，需支付工人计件工资，计件工资=实际产量×(手工工人计件工资+高级技工计件工资)=手工工人数量×手工工人计件+高级技工数量×高级技工计件。如表1-10中，传统线需要2个手工工人和1个高级技工，假设一季度实际产量为74件，则计件工资=74×(50×2+100)=14 800(元)。

(2) 其在制品成本=原材料+工人月薪×生产周期(月)+计件工资×件数(如自动线生产产品，生产周期为2季，应当按6个月的工人工资计算)。

3. 岗位管理规则(见表1-15)

表1-15　岗位管理规则

序号	姓名	等级	月薪(元)	状态	操作	操作
1	张三	手工工人	500	工作中	发薪	解聘
2	李四	高级技工	1 500	空闲	发薪	解聘
3	王五	手工工人	450	培训中	发薪	解聘

规则解释：

(1) 页面显示本企业所有的在职员工，如表1-15所示。

(2) 等级、月薪、状态为当季该员工的情况。状态分为三种，工作中表示该员工目前正在生产中，不可进行解雇操作；培训中表示该员工正在接受培训，无法进行其他操作；只有空闲状态的工人可被解聘。

(3) 发薪即为发放薪水，薪水=月薪×3。

(4) 企业可解聘任意员工，解雇时需要支付赔偿金，赔偿金=(N+1)×月薪。N=员工入职年限，向上取整。只有空闲状态的工人可被解聘(若解聘时工人处于欠薪状态，同时还需要支付欠薪)。

(5) 页面有统一发薪的按钮，单击可一键发放全部薪水。

(6) 若员工某季度未被发放薪水，视为工资拖欠，跨越季度时系统强制扣除，且被拖欠工资的员工效率减半；若员工被连续拖欠工资两个季度，则该员工直接离职，且企业被强行扣除等同于解聘的赔偿金，并扣除5点商誉值。

4. 工人培训(见表1-16)

表1-16　工人培训

培训名称	消耗现金(元)	消耗时间(季)	原岗位	培训后岗位	工资涨幅(%)
升级培训	2 000	1	GR1	GR2	100

规则解释：

(1) 培训管理是指为提升工人的等级，对低等级员工进行培训，消耗现金为培训1个工人所需支付的现金。

(2) 消耗时间为自开始培训到培训完成，所需要的时间。培训结束后，员工可随意配置在生产线内，培训期间无法进行配置操作(如1年2季开始培训，则1年3季培训完成，在3季时才可对员工任意支配)。

(3) 培训人员在培训前为手工工人，培训结束后为高级技工，高级技工无法再次培训。

(4) 工资涨幅为培训完成后的工人工资状况，如表1-15中的王五，培训后王五工资为450×(1+100%)=900(元)，工作效率不变。

5. 员工激励(见表1-17)

表1-17 员工激励

激励名称	编码	提升效率比例(%)
激励	JL1	20
涨薪	JL2	100

规则解释:

(1) 员工激励分为激励和涨薪两种方式,激励方式不同,提升效率比例不同,具体比例如表5(向下取整)。

(2) 激励支付的资金为一次性费用,支付费用后,员工效率提升20%/每万元(万分比率,如投资10 000元,提升20%),工人工资不变。

(3) 涨薪则改变工人工资,自涨薪季度起,之后每月工资=涨薪金额+原本工资,涨薪提升100%/每万元的工作效率(按100%/万元的比例扣除,如投资5 000万元提升50%效率)。

(4) 激励和涨薪同为提升员工工作效率的一种。

1.4.4 财务总监相关规则

1. 贷款规则(见表1-18)

表1-18 贷款规则

贷款名称	贷款编码	额度上限(倍)	贷款时间(季)	还款方式	利率(%)
直接融资	DK1	3	1	1	4
短期银行融资	DK2	3	4	1	10
长期银行融资	DK3	3	8	2	2

规则解释:

(1) 贷款额度=上年权益×额度计算倍数(上年权益额从上年的"资产负债表"中提取)。

(2) 贷款类型分为直接融资、短期银行融资、长期银行融资三种。可以自由组合,总贷款额度不得超过所有者权益的3倍。

(3) 贷款申请时间为各年正常经营的任何日期(不包括"年初"和"年末")。

(4) 贷款时间为贷款期限。自贷款之季起,经过贷款时间后,必须归还本金(如2年1季申请短期融资10 000元,贷款时间为4季,则需在3年1季归还10 000元本金和1 000元利息)。

(5) 还款方式分为1和2。1表示到期还本付息,即贷款到期后,支付本金和利息;2表示每季度支付利息,到期还本付息,即每季度先支付相应利息,到期时还本金和当季度的利息。

(6) 贷款是以套餐方式提供,贷款中规定了每类贷款的具体参数,如短期银行融资套餐的额度为10 000元,单击确定即可完成贷款。贷款完成后,会在页面的融资现状中显示。

(7) 贷款/利息的还款：①系统每季提供本季到期贷款和利息的账单，在【费】任务页面中可查询还款金额和归还贷款及利息；②产生的费用，应当及时归还，否则系统自动扣除该费用，并且扣除商誉值。

2. 贴现规则(见表1-19)

表1-19　贴现规则

名称	编码	收款期(季)	贴息(%)
4季贴现	TX1	4	10
3季贴现	TX2	3	8
2季贴现	TX3	2	6
1季贴现	TX4	1	4

规则解释：

(1) 应收账款是企业应收但未收到的款项，收到后会增加企业现金流。

(2) 收款期是从确认应收款之日到约定收款日的期间。

(3) 贴现是指债权人在应收账期内，贴付一定利息提前取得资金的行为。不同应收账期的贴现利息不同。

(4) 贴现后，现金直接增加扣除贴息外的现金数额，贴息则计入财务费用，由系统自动扣除。

3. 基本规则(见表1-20)和费用规则(见表1-21)

表1-20　基本规则

规则名称	规则编号	规则值
违约金	GZ1	20%
税率	GZ2	20%
碳中和费用	GZ3	5%
咨询费(元)	GZ4	1 500

表1-21　费用规则

费用名称	费用编码	费用金额(元)
管理费(元)	FY1	600

规则解释：

费用包含管理费、贷款本金、贷款利息、维修费、折旧、所得税、违约金、咨询费(情报费)等。

(1) 管理费为固定费用，规则中列示的为月度管理费，实际支付时，应当×3，需手动支付。

(2) 贷款本金和贷款利息均在财务总监界面的【费】任务中,需手动支付。

(3) 维修费由系统自动扣除,扣减现金流。

(4) 折旧由系统自动扣除,不影响企业现金流。

(5) 所得税为企业盈利后,所需要支付的费用,由系统自动扣除,无须手动支付;所得税税率为20%;当企业所有者权益超出初始权益时,按照20%,支付所得税。

(6) 若前期企业亏损至初始权益以下,需弥补以前亏损后,再计算所得税。

(7) 违约金为未按时交付订单,按违约处理,需要额外计算违约金(违约金=该订单收入总额×违约比例),违约比例为20%。

(8) 情报费为购买其他企业信息时,所花费的费用(不同规则,情报费不同)。

4. 资产处理规则(见表1-22)

表1-22　资产处理规则

资产名称	资产编码	处理价格(倍)
产品	1	0.8
原料	2	0.8

规则解释:

当企业急需现金时,可选择出售产品或原料获得流动资金,产品或原料出售可按照成本价格的80%出售。

5. 预算控制相关规则(见表1-23)

表1-23　预算控制规则　　　　　　　　　　　　　　　　　　　　　(单位:元)

部门	上季度预算	上季度使用	上季度使用率	本季度预算
市场营销部	1 000	500	50%	3 000
生产设计部	1 000	500	50%	3 000
人力资源部	1 000	500	50%	3 000

规则解释:

(1) 预算控制下有三个部门,分别为市场营销部、生产设计部、人力资源部。

(2) 应在对应部门的本季度预算中填写预算好的金额,三个部门同时填写,单击确定按钮即为预算划拨成功,一旦确定无法更改。

(3) 每季度预算金额会在下季度的上季度预算中显示;上季度使用中显示上季度本岗位具体使用金额;上季度使用率显示上季度资金使用金额占已调拨金额的比例,当比例<80%或>120%时,企业得分-10000分值。

(4) 当预算额度用完时,可依据使用情况多次向财务总监申请预算(在申请预算页面中设置,无须各总监填写具体金额,系统自动计算),财务总监可依照实际情况决定是否通过。

6. 数字化规则(见表1-24)

表1-24　数字化规则

岗位编码	消耗金钱(元)	消耗时间(季)
1	10 000	4
2	10 000	4
3	10 000	4
4	10 000	4

规则解释：

各岗位可开启数字化管理，单击开启按钮完成开发，开发需支付对应资金；消耗时间也可理解为开发周期，在开发周期内无法使用该功能(如1年1季点击开发，消耗时间为4季，2年1季完成开发，开始使用)。

7. 引流参数(见表1-25)

网络营销分为两个部分，即网络投放和新媒体广告。

网络投放：可针对四类产品进行投放，每个产品输入两个值，即定价和投放数量(应输入正整数)。定价不可高于本产品成本的三倍，不可低于本产品成本；投放数量不得超过现有库存量。

新媒体广告：输入投放金额(正整数)，该金额转化为等量的热度值；会员指数代表会员数量，会员指数=热度×商誉×引流参数×0.0001，值向下取整。引流参数如表1-25所示。

表1-25　引流参数

引流参数	引流名称
0.5	吸引会员

1.5　引导年任务清单

1. 第1季度任务清单

引导年第1季度任务清单如表1-26所示。

表1-26　第1季度任务清单

岗位	任务	数据	备注
财务	预算控制	营销：50 000元；生产：304 700元；人资：0	
财务	融资	短贷：200 000元	

(续表)

岗位	任务	数据	备注
财务	管理费	管理费：1 500元	
营销	渠道开拓	本地市场	
营销	产品资质申请	P1	
营销	ISO资质申请	ISO9000	
营销	促销广告	本地市场：20 000元	
人力资源	招聘	2个普通工人，4个高级工人	给期望工资
生产	建线	3条自动生产线，P1	
生产	订购原料	R1：200；R2：200	
生产	产品设计	P1T3	
生产	研发管理	T3，1→10	

2. 第2季度任务清单

引导年第2季度任务清单如表1-27所示。

表1-27　第2季度任务清单

岗位	任务	数据	备注
财务	预算控制	营销：40 000元；生产：275 300元；人资：0	
财务	融资	短贷：200 000元	
财务	管理费	管理费：1 500元	
营销	渠道开拓	区域市场	
营销	产品资质申请	P2	
营销	ISO资质申请	ISO21000	
营销	选单	订单1，250个	
生产	建线	传统线，P1	
生产	原料收货	R1：200；R2：200	
生产	工人管理	派工，保存产能	
生产	开产	更新BOM，开产	
生产	订购原料	R1：150；R2：150	
财务	付款	付款200 000元	

3. 第3季度任务清单

引导年第3季度任务清单如表1-28所示。

表1-28 第3季度任务清单

岗位	任务	数据	备注
财务	预算控制	营销：0；生产设计：359 600元；人资：30 000元	
财务	融资	长贷：500 000元	
财务	管理费	管理费：1 500元	
人力资源	发薪	计算得出	
人力资源	激励	不足60激励到60	
生产	原料收货	R1：150；R2：150	
生产	工人管理	派工，保存产能	
生产	开产	更新BOM，开产	
生产	订购原料	R1：150；R2：150	
生产	建线	全智能线，P1	
财务	付款	付款150 000元	

4. 第4季度任务清单

引导年第4季度任务清单如表1-29所示。

表1-29 第4季度任务清单

岗位	任务	数据	备注
财务	预算控制	营销：120 000元；生产设计：174 900元；人资：25 000元	
财务	管理费	管理费：1 500元；贷款利息：10 000元	
营销	交货	交订单	
营销	数字化	研发部署数字化营销：100 000元	
财务	收款-贴现	200 000元	
营销	广告投放	自行斟酌，建议小于10万元	
人力资源	发薪	计算得出	
生产	原料收货	R1：150；R2：150	
生产	工人管理	派工，保存产能	
生产	开产	更新BOM，开产	
生产	订购原料	R1, R2, R3, R4：各150	
财务	付款	付款150 000元	

1.6 编制财务报表说明

利润表如表1-30所示。

资产负债表如表1-31所示。

表1-30 利润表(编制说明)　　　　　　　　　　　　　　　　　　　　　　　　　单位：万元

序号	项目	上年同期数	本期数	数据来源
1	营业收入	+		产品核算统计表中的销售额合计
2	营业成本	−		产品核算统计表中的成本合计
3	毛利	=		产品核算统计表中的毛利合计
4	综合费用	−		综合费用明细表中的合计
5	折旧前利润	=		序号3行数据−序号4行数据
6	折旧*	−		按折旧要求计算折旧数据
7	支付利息前利润	=		序号5行数据−序号6行数据
8	财务收入/支出	+/−		支付借款、高利贷利息和贴息计入财务支出
9	其他收入/支出	+/−		其他财务收支
10	利润总额	=		序号7行数据−/+序号8、9行数据
11	所得税费用	−		序号10行数据为正数时除以3取整
12	净利润	=		序号10行数据−序号11行数据

提示：

(1) 如果前几年净利润为负数，今年的盈利可先用来弥补以前的亏损，然后计算所得税费用。

(2) 利润总额=支付利息前利润−财务支出−其他支出+财务收入+其他收入。

表1-31 资产负债表(编制说明)　　　　　　　　　　　　　　　　　　　　　　　单位：万元

资产	年初余额	期末余额(数据来源)	负债和所有者权益	年初余额	期末余额(数据来源)
流动资产：			负债：		
货币资金	+	30 (盘点现金库中现金)	短期借款	+	(盘点短期借款)
应收账款	+	(盘点应收账款)	应付账款	+	(盘点应付账款)
在制品	+	(盘点线上在制品)	应交税费	+	(根据本年度利润表中的所得税费用填列)
成品	+	(盘点库中成品)	一年内到期的非流动负债	+	(盘点一年内到期的长期贷款)

(续表)

资产	年初余额	期末余额(数据来源)	负债和所有者权益	年初余额	期末余额(数据来源)
原料	+	(盘点原料库中原料)	长期借款	+	(除一年内到期的长期贷款)
流动资产合计	=	(以上5项之和)	负债合计	=	(以上5项之和)
非流动资产：			所有者权益：		
土地及厂房	+	(厂房价值之和)	实收资本	+	30	30(股东不增资的情况下为30)
生产设施	+	(设备净值之和)	利润留存	+		(上一年利润留存+上一年年度净利润)
在建工程	+	(在建设备价值之和)	年度净利润	+		(利润表中的净利润)
非流动资产合计	=	(以上3项之和)	所有者权益合计	=		(以上3项之和)
资产总计	=	30	(流动资产+非流动资产)	负债和所有者权益总计	=	30	(负债+所有者权益)

1.7 企业数智化的基本特征

1. 从企业信息化到企业数智化

在数智化(数字化、智能化)变为热点之前，基于业务流程再造与优化的"信息化"在企业已经开展多年。简单讲就是通过信息化手段，把优化后的业务流程进行固化、自动化，并提供业务决策支持，比如传统的ERP、HCM、CRM、SRM、OA等在企业中的应用与实施都是如此。

然而，对更加注重推动业务流程再造与优化的"信息化"而言，企业"数智化"对于驱动企业运营模式的转变则更加有力。云计算、移动互联网、大数据、人工智能、物联网、区块链等技术的发展与深度应用，使业务流程更具客户导向并融入生态体系。海量数据和智能分析能力能够更具前瞻性地提供决策支持及客户洞察，客户个性化需求在企业数智化能力的支撑下得以快速满足，平台经济、共享经济、网络协同、产业互联网等各种新的业务模式也得以实现。

2. 企业数智化的定义

企业数智化就是运用基于新一代数字与智能技术的各类云服务，通过网络协同、数据智能、连接资源、重组流程、赋能组织、处理交易、执行作业，融入数字经济，推进企业业务创新(研发、生产、营销、服务等)、管理变革(管理模式、组织与人才、管理决策等),从而转变生产经营与管理方式,实现更强竞争优势、更高经营绩效、更可持续发展的进步过程。

这是一项需要企业倾尽全力的事业,是技术驱动业务变革、业务融合技术创新的长期过程,是一项需要循序渐进的长期变革的过程,不是一个短期项目或计划;需要企业高层的充分参与,全力推动;需要从战略、文化、组织、技术、人才等多维度着手开展。

3. 企业数智化的基本特征

数智化商业方式下,企业的运营模式、商业流程都将发生翻天覆地的变化,呈现如下六大基本特征。

(1) 客户导向:生产经营从厂商导向(B2C)转向客户导向(C2B),真正建立起以客户为中心的商业模式和业务流程。

(2) 员工能动:企业组织从传统的由上到下模式转向自下而上的员工能动模式,成为员工的赋能平台。

(3) 数据驱动:企业经营与管理从流程驱动转向数据驱动,数据超越流程成为新的运营核心。

(4) 智能运营:企业运营从业务流程信息化转向全面自动化、智能化,智能管理、智慧运营成为企业经营的基本需求。

(5) 全球资源:企业经营能力从本地资源运营转向全球资源整合,买全球、卖全球、协作全球成为未来企业竞争的关键能力。

(6) 实时企业:企业运行状态从延时运营转向实时运营、实时洞察、实时决策,"实时企业"的梦想得以真正实现。

1.8 经销商订单表

经销商订单表如表1-32所示。

表1-32 经销商订单表

年份	季度	编号	市场	产品	特性	供应商参考价格(元)	数量	交货期(季)	账期(季)	ISO
1	2	1	北方市场	Nova666	高端商务	3 016	450	4	1	ISO9000
1	2	2	北方市场	Nova666	青春旗舰	2 472	900	4	2	ISO9000
1	2	3	北方市场	Nova666	青春旗舰	2 688	1 800	3	1	ISO9000
1	2	4	北方市场	Nova666	青春旗舰	1 944	450	4	2	ISO9000
1	2	5	北方市场	Nova666	青春旗舰	2 574	4 500	4	2	ISO9000
1	2	6	北方市场	P888	高端商务	2 788	450	4	1	ISO9000

(续表)

年份	季度	编号	市场	产品	特性	供应商参考价格(元)	数量	交货期(季)	账期(季)	ISO
1	2	7	北方市场	P888	时尚影像	3 605	450	3	1	ISO9000
1	2	8	北方市场	P888	时尚影像	3 080	1 800	4	2	ISO9000
1	2	9	北方市场	P888	时尚影像	3 552	900	4	2	ISO9000
1	2	10	北方市场	P888	青春旗舰	3 312	4 500	4	2	ISO9000
1	3	11	北方市场	Nova666	青春旗舰	2 304	4 500	4	2	ISO9000
1	3	12	北方市场	Nova666	时尚影像	2 300	4 500	4	2	ISO9000
1	3	13	北方市场	P888	青春旗舰	2 752	4 500	4	2	ISO9000
1	3	14	北方市场	P888	时尚影像	2 905	4 500	4	2	ISO9000
2	1	15	北方市场	Nova666	高端商务	2 958	900	2	1	ISO9000
2	1	16	北方市场	Nova666	时尚影像	2 444	1 350	4	2	ISO14000
2	1	17	北方市场	Nova666	时尚影像	3 052	1 800	3	1	ISO9000
2	1	18	北方市场	Nova666	青春旗舰	2 760	2 250	2	2	ISO14000
2	1	19	北方市场	Nova666	青春旗舰	2 436	4 500	4	2	ISO9000
2	1	20	北方市场	P888	高端商务	4 838	450	2	1	ISO9000
2	1	21	北方市场	P888	时尚影像	3 800	450	4	2	ISO14000
2	1	22	北方市场	P888	时尚影像	3 610	1 800	4	2	ISO14000
2	1	23	北方市场	P888	时尚影像	3 936	900	4	2	ISO14000
2	1	24	北方市场	P888	青春旗舰	3 321	4 500	3	1	ISO9000
2	1	25	南方市场	Nova666	高端商务	2 759	900	2	1	ISO9000
2	1	26	南方市场	Nova666	高端商务	2 520	1 800	3	2	ISO9000
2	1	27	南方市场	Nova666	时尚影像	2 970	1 350	2	1	ISO14000
2	1	28	南方市场	Nova666	时尚影像	2 784	900	4	2	ISO14000
2	1	29	南方市场	Nova666	时尚影像	2 886	4 500	4	2	ISO14000
2	1	30	南方市场	P888	青春旗舰	4 494	900	3	1	ISO14000
2	1	31	南方市场	P888	时尚影像	4 343	1 350	2	1	ISO14000
2	1	32	南方市场	P888	高端商务	4 320	2 250	3	2	ISO9000
2	1	33	南方市场	P888	高端商务	3 822	4 500	2	1	ISO9000
2	1	34	南方市场	P888	时尚影像	3 444	2 250	4	2	ISO9000
2	1	35	南方市场	P888	时尚影像	3 534	900	4	2	ISO14000
2	1	36	南方市场	P888	青春旗舰	3 978	4 500	4	2	ISO14000
2	2	37	北方市场	Nova666	青春旗舰	2 236	4 500	4	2	ISO14000
2	2	38	北方市场	P888	时尚影像	4 524	4 500	4	2	ISO14000
2	2	39	南方市场	Nova666	青春旗舰	3 332	4 500	4	2	ISO14000

(续表)

年份	季度	编号	市场	产品	特性	供应商参考价格(元)	数量	交货期(季)	账期(季)	ISO
2	2	40	南方市场	P888	时尚影像	4 040	4 500	4	2	ISO14000
3	1	41	北方市场	Nova666	高端商务	2 403	450	4	1	ISO9000
3	1	42	北方市场	Nova666	青春旗舰	2 552	900	3	2	ISO14000
3	1	43	北方市场	Nova666	青春旗舰	2 139	1 800	2	1	ISO20000
3	1	44	北方市场	Nova666	青春旗舰	2 520	450	4	2	ISO14000
3	1	45	北方市场	Nova666	青春旗舰	1 848	4 500	4	2	ISO14000
3	1	46	北方市场	P888	高端商务	3 780	450	2	1	ISO20000
3	1	47	北方市场	P888	时尚影像	2 958	1 800	4	2	ISO14000
3	1	48	北方市场	P888	时尚影像	3 700	900	4	2	ISO14000
3	1	49	北方市场	P888	青春旗舰	3 115	4 500	3	1	ISO20000
3	1	50	北方市场	Mate999	青春旗舰	5 616	9 000	2	2	ISO20000
3	1	51	北方市场	Mate999	时尚影像	6 372	9 000	4	2	ISO14000
3	1	52	北方市场	Mate999	时尚影像	5 015	2 700	4	2	ISO14000
3	1	53	北方市场	Mate999	高端商务	6 050	9 000	4	2	ISO14000
3	1	54	北方市场	Mate999	高端商务	6 664	2 700	3	1	ISO20000
3	1	55	南方市场	Nova666	高端商务	2 525	1 800	3	2	ISO20000
3	1	56	南方市场	Nova666	时尚影像	2 596	1 350	4	2	ISO14000
3	1	57	南方市场	Nova666	时尚影像	2 225	1 800	4	2	ISO14000
3	1	58	南方市场	Nova666	时尚影像	2 226	9 000	4	2	ISO14000
3	1	59	南方市场	P888	青春旗舰	3 384	1 800	3	1	ISO20000
3	1	60	南方市场	P888	高端商务	3 724	4 500	3	2	ISO14000
3	1	61	南方市场	P888	高端商务	3 800	9 000	2	1	ISO14000
3	1	62	南方市场	P888	时尚影像	3 762	4 500	4	2	ISO14000
3	1	63	南方市场	P888	时尚影像	3 036	1 800	4	2	ISO20000
3	1	64	南方市场	P888	青春旗舰	3 531	9 000	4	2	ISO20000
3	1	65	南方市场	Mate999	青春旗舰	4 698	4 500	4	2	ISO14000
3	1	66	南方市场	Mate999	时尚影像	5 280	4 500	4	1	ISO14000
3	1	67	南方市场	Mate999	高端商务	6 783	1 800	3	2	ISO20000
3	1	68	南方市场	Mate999	高端商务	6 612	1 800	4	2	ISO20000
3	1	69	南方市场	P888	青春旗舰	3 404	1 800	3	1	ISO20000
3	1	70	亚太市场	P888	高端商务	3 680	4 500	3	2	ISO14000
3	1	71	亚太市场	P888	高端商务	3 700	9 000	2	1	ISO14000
3	1	72	亚太市场	P888	时尚影像	3 744	4 500	4	2	ISO14000

(续表)

年份	季度	编号	市场	产品	特性	供应商参考价格(元)	数量	交货期(季)	账期(季)	ISO
3	1	73	亚太市场	P888	时尚影像	3 686	1 800	4	2	ISO20000
3	1	74	亚太市场	P888	青春旗舰	2 890	9 000	4	2	ISO20000
3	1	75	亚太市场	Mate999	青春旗舰	5 452	4 500	2	2	ISO14000
3	1	76	亚太市场	Mate999	时尚影像	6 283	4 500	4	1	ISO14000
3	1	77	亚太市场	Mate999	高端商务	5 580	1 800	3	2	ISO20000
3	1	78	亚太市场	Mate999	高端商务	7 182	1 800	3	2	ISO20000
3	1	79	亚太市场	Nova666	高端商务	2 090	4 500	4	2	ISO20000
3	2	80	北方市场	P888	高端商务	4 060	4 500	4	2	ISO20000
3	2	81	北方市场	P888	高端商务	3 640	4 500	4	2	ISO14000
3	2	82	南方市场	Mate999	高端商务	5 661	4 500	4	1	ISO14000
3	2	83	南方市场	Nova666	高端商务	2 268	4 500	3	2	ISO20000
3	2	84	亚太市场	Mate999	高端商务	5 772	4 500	3	2	ISO20000
4	1	85	北方市场	Nova666	高端商务	2 800	9 000	4	2	ISO20000
4	1	86	北方市场	P888	高端商务	4 290	9 000	2	2	ISO14000
4	1	87	北方市场	Mate999	青春旗舰	5 952	4 500	4	1	ISO14000
4	1	88	北方市场	Mate999	时尚影像	5 664	2 250	3	2	ISO20000
4	1	89	北方市场	Mate999	高端商务	6 592	2 700	3	2	ISO20000
4	1	90	南方市场	Nova666	高端商务	2 016	45 000	4	2	ISO20000
4	1	91	南方市场	P888	高端商务	3 060	9 000	2	2	ISO14000
4	1	92	南方市场	Mate999	青春旗舰	6 510	4 500	4	1	ISO14000
4	1	93	南方市场	Mate999	时尚影像	5 368	2 250	3	2	ISO20000
4	1	94	南方市场	Mate999	高端商务	6 592	2 700	3	2	ISO20000
4	1	95	亚太市场	Mate999	青春旗舰	7 020	2 700	2	2	ISO14000
4	1	96	亚太市场	Mate999	时尚影像	5 133	2 700	4	1	ISO14000
4	1	97	亚太市场	Mate999	高端商务	6 666	2 700	3	2	ISO20000
4	1	98	亚太市场	Mate999	高端商务	5 544	900	3	2	ISO20000
4	2	99	北方市场	Nova666	高端商务	2 832	4 500	4	2	ISO20000
4	2	100	北方市场	P888	高端商务	3 264	4 500	4	2	ISO20000
4	2	101	南方市场	P888	高端商务	2 784	4 500	2	2	ISO14000
4	2	102	南方市场	Mate999	高端商务	4 753	4 500	4	1	ISO14000
4	2	103	亚太市场	Nova666	高端商务	2 616	45 000	3	2	ISO20000
4	2	104	亚太市场	Mate999	高端商务	4 641	4 500	3	2	ISO20000

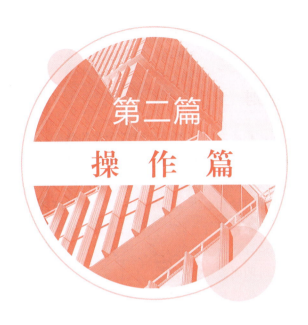

第二篇 操作篇

思路决定出路，格局决定结局。

企业为什么需要战略？根本原因是资源有限。

战略没有好坏，只有适合和不适合；适合自己的战略就是最好的战略。

课程思政目标：基于社会主义核心价值观，运用马克思主义哲学思想，理论联系实际，学以致用，熟悉运用规则进行模拟企业经营战略的制定及计划实施，进一步强化掌握并遵守宪法法律及规章制度的重要性。

2.0 开篇语

也许你已经迫不及待地想动手操作了，且慢，在进行模拟企业经营的实际操作前，你和你的团队必须解决以下三个问题：一是彻底弄懂导入篇所讲的市场规则和企业运营规则，这是企业有效运营的基础；二是基于导入篇提供的市场预测，制定企业的发展战略，明确企业的发展方向和目标,这是取胜的关键;三是严肃组织纪律,使各个角色能在总经理的统一指挥下严格按照企业流程各司其职、协调运作,这是成功的保障。

2.0.1 关于运营规则

了解规则并用好规则,是顺利、有效经营模拟企业的基础。运营规则并不是只有总经理掌握就行了,其实每个人都应该熟练掌握,尤其是要掌握自己所负责业务部分的规则。

对于规则,要彻底弄懂,而不是似懂非懂。在实训过程中,我们发现容易误解的规则主要有:促销广告的作用和市场知名度与选单的关系;新生产线的折旧与维护费;贷款的更新与利息;不同产品的成本核算等。此外,原料订货与采购是比较简单的部分,可是还有很多人搞错,要么搞不清订货与采购的关系,要么订货、采购太早导致原料积压在库里迟迟不能用,甚至超过保质期而被系统收回。

还有一点要特别说明,那就是应严格按照模拟企业运营流程一步步操作,不要跳跃进行。团队成员相互之间一定要密切沟通,不要错过某项任务的时间节点。

判断胜负,不光要看企业当前的所有者权益,还要看企业的发展潜力。切记!

2.0.2 关于战略选择

企业经营过程犹如船在波涛汹涌的大海中航行,船要驶向希望的彼岸,就离不开罗盘和舵柄。企业要在瞬息万变的竞争环境中获得生存和发展,也离不开企业战略的指引。用马云先生的话来说:"小公司的发展战略就是:活下来,挣钱!"因此,我们在制定发展战略时,一定要注意控制发展速度。我们并非是提倡墨守成规、停滞不前,而是要确保发展速度与企业权益和财务状况的发展相平衡,这也是管理的精髓之一——"适度"。

一些实训团队在制定企业发展战略时,豪情万丈、气吞山河,大有扫平天下之势:一上来就拼命铺设全自动生产线和柔性生产线,研发全系列产品,开发全部市场,融资用到了极限。结果是投入了巨额的财务费用、研发费用、市场开拓费用,再加上生产线折旧等,企业权益迅速下降甚至为负或出现现金断流,不得不含泪宣告破产。

因此,各团队在制定企业战略时,一定不要脱离企业的实际,要懂得量力而行,当然也不能过于保守。由于资源有限,企业在一定的时期内只能做有限的事,正确的做法是明确目标,具体到实训中就是要回答以下几个问题。

1. 我们想成为什么样的企业?

规模方面,是大企业还是小企业?生产产品方面,是多品种还是少品种?市场开拓方面,是许多市场还是少量市场?市场地位方面,是努力成为市场领导者还是追随者?

例如，C公司拟采取"全部市场+有限产品"的策略，所以第一年只在本地市场投了2M广告费，销售了部分P1产品。第二年，C公司仍然只生产P1产品，并用较低的广告费售出了一部分P1产品。C公司第一时间开发了所有市场，却并没有开发新产品。正当人们认为其发展滞后时，C公司在第三年年初跳过P2、P3产品，直接开发了P4产品，并建了1条P1产品的全自动生产线，保留了1条P1产品的半自动生产线；在第三年4Q变卖了手工生产线，开始投资建设4条P4产品的全自动生产线；在第四年2Q与P4产品的研发同步完成，同年3Q开始生产P4产品。从第四年开始，由于独家生产P4产品，C公司包揽了P4产品市场。第五年，由于有4条全自动生产线全力生产P4产品，C公司在本地、区域、国内和亚洲4个有P4产品需求的市场上均以3M广告费实现了重复选单，C公司的P4产品席卷了各个市场；同时，C公司进行了P1产品向国际市场的转移，依靠P1产品的储备和保留的产能，在国际市场实现了P1产品的多次选单，夺得了国际市场的老大地位。第六年，C公司的发展更是锦上添花，由于国际市场P1产品的利润率很高，其他各市场P4产品的利润率也很可观，因此C公司的权益大幅攀升。最终，C公司用3年的时间实现了大逆转，赢得了竞赛。

（注：此为用友物理沙盘案例，供参考。）

2. 我们倾向何种产品和何种市场？

由于资源有限，在很多情况下，放弃比不计代价地掠取更明智。你不可能全面开花、面面俱到，应选取你的重点市场和重点产品。

例如，A公司第一年在本地市场投放了8M广告费，夺得了市场老大的地位，早早确立了自己的"主战场"。由于本地市场是综合需求量最大的一个市场，因此A公司在随后的发展过程中变卖了手工生产线，在大厂房里新置了5条全自动生产线，开发了P2、P3产品，跳过区域市场，又开发了国内和亚洲市场，实现了产能与市场之间的平衡，持续稳健发展。在企业融资和广告费等方面节约了大量成本，健康发展到第六年，最终取得了第一的成绩。

又如，F公司第一年以5M的平均广告费投入获得了平均销量。第二年研发了P2产品，投资了2条P2产品全自动生产线，并开发了全部市场。第三年开发了P3产品，变卖了2条手工生产线，新建了2条P3产品全自动生产线。第四年开始大规模销售P2、P3产品，并取得了亚洲市场老大地位；然而，此时各公司均大量生产P2、P3产品，市场趋于饱和，广告费竞争也非常激烈，于是F公司在这一年决定开辟蓝海——研发P4产品。F公司从第五年开始低成本销售P4产品，同时放弃了一些利润率低的产品市场。六年经营结束，F公司凭借这种不断灵活转变的策略，最终取得了竞赛的胜利。

（注：此为用友物理沙盘案例，供参考。）

放弃也是一种美，有时放弃比占有更重要。打完江山后，我们自然会想到保江山。这句话本身无可厚非，但值得我们注意的是，我们要保有价值的江山。对于那些竞争激烈、利润空间小的市场要敢于放弃，依据自己的产品组合和竞争状况寻找新的市场，不断地"丢芝麻，捡西瓜"。

3. 我们计划怎样拓展生产设施和生产能力？

生产线是产品加工的载体。本沙盘包括传统线、全自动线和全智能线3种生产线。不同生产线的购置价格、生产效率、折旧费用及转产的灵活性都不相同，因此生产总监应会同财务总监、营销总监和总经理，依据本企业的发展经营战略和财务状况，选择恰当的时机投资恰当的生产线。

具体来说，为了有效扩大生产能力，需要思考并回答：购置什么样的生产线？什么时候购买和购买多少？为此，我们需要考虑以下几方面因素。

(1) 生产线安装周期和生产周期。

(2) 产品研发周期。注意产品研发完成日期与生产线的生产日期相匹配。

(3) 生产线的折旧。生产线的折旧会影响企业的权益，而权益又决定了企业融资规模的大小和是否破产等，因此生产线的折旧直接影响着企业的财务状况。

(4) 生产线组合。生产线组合需要考虑产品研发的种类及市场开拓的情况。一般来讲，如果采取积极扩张的战略，会倾向于全自动生产线和柔性生产线；如果采取稳健发展的策略，则可考虑手工生产线和全自动生产线，并控制生产线的数量。

在实际操作中，柔性生产线是一把"双刃剑"，它的优点在于可以灵活、快速地调整产品组合，方便接取订单和及时交货，以便资金回流。缺点也显而易见，即投资成本和折旧费用较高，同时，它的存在对于原料的采购、生产的组织等产生了一定的影响。因此，生产线组合及安装的前提是，制定合理、详细的发展战略，在此框架指导下，做好企业的现金预算分析，这样才能保证生产线选择的合理性。

此外，还要编制生产计划和投资计划。生产总监要与总经理、营销总监确定当年销售产品的重点，在总经理投广告前做出生产安排计划，向营销总监告知本年企业可能生产的产品种类及数量。拿到当年销售订单后，要结合订单情况和企业资金情况重新修正确定当年的生产计划、生产线投资计划等。

假如生产P1和P2两个产品，则产品生产及设备投资计划见表2-1所示。

表2-1 产品生产及设备投资计划

金额单位：百万元

生产线		第一年				第二年				第三年			
		第一季度	第二季度	第三季度	第四季度	第一季度	第二季度	第三季度	第四季度	第一季度	第二季度	第三季度	第四季度
1 手工线	产品生产					→P1			P1				
	设备投资	5											
2 半自动线	产品生产					→P1						P1	→
	设备投资	5	5										
3 全自动线	产品生产						→P2			→P2	→P2	→P2	→
	设备投资		5	5	5								
4 柔性线	产品生产						→P2			→P2	→P2	→P2	→
	设备投资			5	5								
合计	产品生产					2P1	2P2	1P1+2P2	1P1+2P2	1P1+2P2	P1+P2	1P1+3P2	2P2
	设备投资	15	10	10	10								

（此为用友物理沙盘所设计，但思路是一致的，只是要精确到月和日。）

不同生产线的产能计算公式如下。

当年某产品可接订单量=期初库存+本年产量

4. 我们计划采用怎样的融资策略？

现金流是企业生存的命脉，现金断流将意味着企业倒闭破产。融资的方式有很多，如直接融资、长期贷款、短期贷款、资金贴现、出售设备等。每种融资方式的特点和适用性都不同，我们应根据企业的发展规划，做好融资计划，从而保证企业的正常运转，切不可因小利而影响到整个规划的实施。

值得注意的是，融资手段不应过于单一，应采用多种融资手段并进行最佳组合。如何巧妙处理各种融资手段之间的关系，以最低的成本获取最合适的融资，是财务总监的重要职责。一般而言，长、短期贷款是企业的主要融资手段。长期贷款的总成本高于短期贷款，但还款压力较小；短期贷款的总成本较低，但还款压力较大，尤其是在前期，企业的权益可能会大幅度下降，进而影响企业的贷款能力。因此，我们要对企业的经营战略、运营状况做一个长期的、细致的分析，这样才能正确把握贷款时机并合理调整长、短期贷款之间的比例关系，在满足现金需求的情况下，使总贷款成本降到最低。

资金贴现是企业为了缓解暂时性资金紧张而采取的融资方式，其前提是要有应收款。在实际操作中，应注意贴现的比例。一般来讲，应首先考虑贴现账期较长的应收款。

在实际操作前，每个团队都应对上述问题进行深入探讨并达成共识。每一年经营下来，都需要反思自己的行为，聆听指导教师根据现场数据所做的点评，分析实际与计划的偏差及偏差产生的原因，进而对战略做出必要的修正。

2.0.3 关于团队协作

本次实训虽然是模拟企业6年的经营，但在盘面上运作只有短短3天的时间。尽量缩短磨合时间，立即进入角色，并在总经理的统一指挥下各司其职、协调有效地运作，对于一个临时组成的管理团队来说非常重要。因此，受训者既要积极向前，又要听从指挥；既要勇挑重担，又不能厚此薄彼；既要各抒己见，又要彼此尊重。这样才能既发挥团队成员的作用，又不会使团队成员互不服气、各行其是，影响企业的经营运作。

在实训中，经常有企业不能平账。出现这种情况，有时是因为财务总监不会做账，但多数时候是因为各角色没有严格按照企业运营流程去运作。此外，营销总监与生产总监沟通不够，要么出现大量库存，要么接了订单却生产不出来，也会导致账目混乱。

另外一个值得注意的问题就是不能搞一团和气。例如，一个企业的财务3年都不能平账，也不换人，不仅严重影响了企业的运营，也影响了竞赛的进程。这不是真正的团结，更谈不上团队协作。让合适的人做合适的事，这是基本的准则。

请认真思考以下有关发展战略的问题并记录结果(总经理带领管理团队共同决定)。

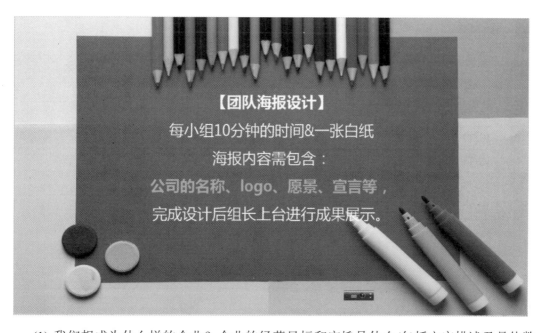

(1) 我们想成为什么样的企业？企业的经营目标和宗旨是什么(包括文字描述及具体数字，如销售收入目标、利润目标等)？

---

(2) 我们倾向于何种产品、何种市场？准备何时实现？填写表2-2。
(3) 我们想发展到多大的产能？建什么样的生产线？准备何时实现？填写表2-3。
(4) 我们想什么时候融资、融什么资、融多少资？ 填写表2-4。

表2-2 市场与产品开发计划

产品	市场		
	北方	南方	亚太
P1/T1			
P1/T2			
P1/T3			
P2/T1			
P2/T2			
P2/T3			
P3/T1			
P3/T2			
P3/T3			

表2-3 生产线购置计划

生产线	一年1季	一年2季	一年3季	一年4季	第二年	第三年	第四年
传统线							
全自动线							
全智能线							

表2-4 融资计划

融资手段	一年1季	一年2季	一年3季	一年4季	第二年	第三年	第四年
直接融资							
长期贷款							
短期贷款							

各角色应根据上述战略规划，思索如何有效贯彻执行，并确定执行细节。

每个角色都要认真阅读并思考以下相关角色的提示：

(1) 总经理要重点关注整体战略是否有偏差，并适时带领团队成员做出必要的调整；同时，控制企业严格按照流程执行各项工作。在数智沙盘里该角色无具体操作。

(2) 财务总监应该重点考虑现金流问题，既要保证企业发展战略实施所需要资金的充足供应，又要避免资金过多滞留，造成浪费。因此，财务总监要认真制订具体的融资计划和资金使用计划，同时组织做好财务收支、记账、生产线折旧、维护费提取等工作。

(3) 营销总监要根据企业战略，在与生产总监协调的基础上，制订具体的营销计划，包括生产和销售什么产品、生产和销售多少产品、通过什么渠道销售、计划在什么地区销售、各地区的销售比例如何、是否考虑促销活动等。营销总监要重点考虑广告投放和争取订单的问题，同时组织做好市场开拓投资、产品资质投资、ISO认证投资等，并具体负责产品交货等工作。

(4) 生产总监要根据企业发展战略的整体要求，在与营销总监、财务总监沟通的基础上，制订具体的产品研发计划、产品设计计划、生产计划、原料采购计划、设备投资与改造计划，确定新产品的研发进程、新设备用于生产何种产品、设备安装地点、所需资金来源、设备上线的具体时间、所需物料储备，以及生产什么、生产多少和何时生产等。

(5) 人力资源总监要与生产总监密切配合，根据生产的人力资源需求，确定人员招聘计划，保证按时、足量提供生产所需的人力资源，努力做到既不出现员工短缺，也不出现员工闲置。同时，人力资源总监要进行岗位管理、培训管理和激励管理，以充分发挥人力资源的作用。

确认我的角色：

我的角色是：

我的就职宣言：

开展我的工作(确定执行计划与执行细节)：
(不够可另加附页)

2.1 典型策略介绍

俗话说，"凡事预则立，不预则废"，或者"未曾画竹，已成竹在胸"。同样，在进行用友ERP企业经营沙盘模拟实训前，也要有一整套策略，方能使你的团队临危不乱，在变幻莫测的比赛中笑到最后。下面介绍竞赛中的三种典型策略和三个典型实例供参考。

【典型策略1】　　　　力压群雄——霸王策略

策略介绍：

在一开始即大举贷款，所筹到的大量资金用于扩大产能，保证产能第一，以高广告投入策略夺取本地市场老大地位，并随着产品开发的节奏，实现由P1产品向P2、P3等主流产品的过渡。在竞争中，始终保持主流产品和综合销售额第一。后期用高广告投入策略争取主导产品最高价市场的老大地位，使企业权益最高，令对手望尘莫及，从而赢得比赛。

运作要点：

运作好此策略的关键有两点：一是资本运作，有效使用长、短期融资手段，使自己有充足的资金用于扩大产能和维持高额的广告费用，并能够承受巨大的还款压力，使资金运转正常，所以此策略对财务总监的要求很高；二是精确预测产能和生产成本，有效预估市场产品需求和订单结构。如何安排产能扩大的节奏、如何实现"零库存"、如何进行产品组合与市场开发，这些都将决定企业最终的成败。

评述：

采取霸王策略的团队需要有相当的魄力，敢于破釜沉舟，谨小慎微者不宜采用。此策略的隐患在于，如果资金或广告在某一环节出现失误，则会使企业陷入十分艰难的处境，过大的还款压力和贷款费用，可能会将企业逼上破产的境地。所以，此策略的风险很高，属于高投入、高产出，但高投入并不一定都会高产出。

【典型策略2】　　　　忍辱负重——越王策略

策略介绍：

越王策略也可称为迂回策略。采取此策略的企业通常有很大的产能潜力，但由于前期广告运作失误，导致订单过少、销售额过低、产品大量积压、权益大幅下降，处于劣势地位。所以，企业在第二、三年只能维持生计，延缓产品开发计划，或只进行P2产品的开发，以积攒力量，度过危险期。在第四年，企业突然推出P3或P4产品，并配以有效的广告策略，出其不意地攻占对手的薄弱市场，在对手忙于应付时，把P3或P4产品的最高价市场把持在手，不给对手任何机会，最终赢得胜利。

运作要点：

此策略制胜的关键在于后期的广告运作和现金测算。因为要精准地进行广告投放，所以一定要仔细分析对手的情况，找到对手在市场中的薄弱环节，从而以最小的代价夺得市场，降低成本。同时，因为要出"奇兵"（P3或P4产品），而这些产品对现金的要求很高，因此现金预测必须准确，如果到时现金断流，完不成订单，就会前功尽弃。

评述：

越王策略不是一种主动的策略，多半是在不利的情况下采取的，所以团队成员要有很强的忍耐力与决断力，不能被眼前一时的困难所压倒，要学会将"好钢用在刀刃上"，从而节约开支，降低成本，先图生存，再图胜出。

【典型策略3】 见风使舵——渔翁策略

策略介绍：

渔翁策略是典型的跟随策略。当市场上有两大实力相当的企业争夺第一时，渔翁策略就派上用场了。在产能上，要努力跟随前两者的开发节奏，同时在内部努力降低成本，在每次开辟新市场时均采用低广告策略，规避风险、稳健经营，在前两者两败俱伤时立即占领市场。

运作要点：

此策略的关键有两点：第一，"稳"，即经营过程中一切都要按部就班，广告投入、产能扩大都要循序渐进，真正做到稳扎稳打；第二，利用好时机，因为时机是稍纵即逝的，一定要仔细分析对手。

评述：

渔翁策略在比赛中是常见的，但要成功实施，必须做好充分准备，这样才能在机会来临时一下抓住，使对手无法超越。

【典型实例1】 产能领先制胜法

要想产能领先别人，就要扩大生产能力，投资新的生产线。为了缩短生产周期，就要变卖原有的手工生产线，转而投资全自动或柔性生产线。

B公司在第一年上线的P1产品完工入库后陆续变卖了3条手工生产线，在大厂房内新投资建设了4条全自动生产线，而其他公司则在第一年的生产线投资上显得有些保守。因此，B公司在第二年便建立了产能优势，并利用产能抢市场，投少的广告费接别人因产能不足而不敢接的大单，再建新的生产线，如此形成了良性循环。第三年，B公司在大厂房内又建设了1条全自动生产线，并租下小厂房投建了4条全自动生产线。到第四年，B公司形成了9条全自动生产线的产能格局。最终，B公司依靠产能优势取得了胜利。

【典型实例2】 　　　　　　　　　　**保权益胜出法**

　　E公司在前两年默默无闻，只投了少量的广告费以销售必要的P1产品，没有发展的迹象，但维持了很高的权益。就在人们为其发展前景担忧时，E公司却在第三年，当别的公司出现权益严重下降、融资困难、陷入发展瓶颈时，利用自己的权益优势获得了大量的短期融资，开发了P2、P3、P4产品，变卖了原有的生产线，并投资建成了6条全自动生产线。第四年，当别的公司步履维艰时，E公司一举收复失地。第五年，E公司更是锦上添花，利用产品组合优势扩大产能，直至第六年胜出。

【典型实例3】 　　　　　　　　　　**柔性调节胜出法**

　　柔性生产线由于其投资费用、折旧费用高而不被"行家"看好，但D公司一上来就斥巨资投建了4条柔性生产线，并把这4条柔性生产线打造成自己的核心竞争力，灵活调节生产，灵活广告投放和接单，使自己在各方面都有了更多的余地。这样既迷惑了对手，又节省了广告费，即用非常少的广告费接到了非常合适的订单，因为有些大单对手因生产不出来而不敢接。最终，D公司赢得了比赛。需要注意的是，此法对生产的组织情况要求较高，极易出现原料短缺或积压的情况。

　　条条大路通罗马。我们要用开阔的视野审视战略，用创新的头脑制定战略，用严谨的态度执行战略，最后的成功自然水到渠成。

2.2 第1年企业经营过程控制/监督表

■ 操作记录

_____公司　_____职位

第 1 年　年度运行记录表

<table>
<tr><th colspan="2" rowspan="3">第一年度</th><th rowspan="3">订单详情</th><th>类型</th><th></th><th></th><th></th><th></th><th></th><th></th><th></th><th></th><th></th><th></th><th></th><th></th><th></th></tr>
<tr><th>数量</th><th></th><th></th><th></th><th></th><th></th><th></th><th></th><th></th><th></th><th></th><th></th><th></th><th></th></tr>
<tr><th>时间</th><th></th><th></th><th></th><th></th><th></th><th></th><th></th><th></th><th></th><th></th><th></th><th></th><th></th></tr>
<tr><td colspan="2"></td><td colspan="2">年初</td><td colspan="12">年中</td></tr>
<tr><td colspan="2"></td><td colspan="2">第一批</td><td colspan="2">第二批</td><td colspan="2">第三批</td><td colspan="2">第四批</td><td colspan="2">第五批</td><td colspan="2">第六批</td><td colspan="2">第七批</td></tr>
<tr><td colspan="3">主生产计划</td><td colspan="14"></td></tr>
<tr><td colspan="3">产品种类</td><td colspan="14"></td></tr>
<tr><td colspan="3">产品数量</td><td colspan="14"></td></tr>
<tr><td colspan="3">开始时间</td><td colspan="14"></td></tr>
<tr><td colspan="3">结束时间</td><td colspan="14"></td></tr>
<tr><td rowspan="4">需求计划</td><td>R1</td><td></td><td>购买</td><td>到货</td><td>购买</td><td>到货</td><td>购买</td><td>到货</td><td>购买</td><td>到货</td><td>购买</td><td>到货</td><td>购买</td><td>到货</td><td>购买</td><td>到货</td></tr>
<tr><td>R2</td><td rowspan="3">数量</td><td></td><td></td><td></td><td></td><td></td><td></td><td></td><td></td><td></td><td></td><td></td><td></td><td></td><td></td></tr>
<tr><td>R3</td><td></td><td></td><td></td><td></td><td></td><td></td><td></td><td></td><td></td><td></td><td></td><td></td><td></td><td></td></tr>
<tr><td>R4</td><td></td><td></td><td></td><td></td><td></td><td></td><td></td><td></td><td></td><td></td><td></td><td></td><td></td><td></td></tr>
<tr><td colspan="2">采买数量</td><td></td><td colspan="14"></td></tr>
<tr><td colspan="3">订单数量</td><td colspan="14"></td></tr>
<tr><td colspan="3">订单时间</td><td colspan="14"></td></tr>
</table>

(续表)

年末统计

第一年度

剩余资金		
负债总和		
管理费		
维修费		
折旧		
所得税		
违约金		
利息		
应收账款		
应付账款		
产品库	P1/T1	
	P1/T2	
	P1/T3	
	P2/T1	
	P2/T2	
	P2/T3	
	P3/T1	
	P3/T2	
	P3/T3	
库存	P1/T1	
	P1/T2	
	P1/T3	
	P2/T1	
	P2/T2	
	P2/T3	
	P3/T1	
	P3/T2	
	P3/T3	
应收账款	时间	
	金额	

原材料库	种类	数量	过期时间
	R1		
	R2		
	R3		
	R4		

年度资质情况	类型		
开发	国内		
	亚洲		
	国际		
产品资质	ISO 9000		
	ISO 14000		

种类	已开发	未开发
P1		
P2		
P3		
P4		
P5		

第1年　　　　　　费用报表

项目	金额	备注
广告费		促销广告(　)
市场准入投资		北方(　)、南方(　)、亚太(　)
ISO资格投资		ISO9000(　)、ISO14000(　)、ISO20000(　)
产品研发		P1(　)、P2(　)、P3(　)
特性研发		T1(　)、T2(　)、TP3(　)
咨询费		

第1年　原料统计表

原料	库存原料数量(件)	库存原料价值(万元)	零售(含拍卖)收入(万元)	零售(含拍卖)成本(万元)
R1				
R2				
R3				
R4				

第1年　在制品统计报表

项目	在制品								
	P1/T1	P1/T2	P1/T3	P2/T1	P2/T2	P2/T3	P3/T1	P3/T2	P3/T3
数量									
在制品价值									

第1年　生产设备统计报表

项目	生产线		
	传统线	全自动线	全智能线
总投资			
累计折旧			
在建已投资额			

第1年 产品统计表

项目	数量	订单收入	违约罚款	销售成本	库存产品数(件)	库存产品价值(万元)
P1/T1						
P1/T2						
P1/T3						
P2/T1						
P2/T2						
P2/T3						
P3/T1						
P3/T2						
P3/T3						
小计						

综合报表

第1年 费用统计表

单位：万元

序号	项目	金额
1	管理费	
2	广告费	
3	设备维护费	
4	转产	
5	市场准入投资	
6	产品研发	
7	特性研发	
8	ISO资格投资	
9	咨询费	
10	基本工资	
11	培训费	
12	激励费	
13	费用合计	

第1年　利润表

单位：万元

序号	项目	金额
1	销售收入	
2	直接成本	
3	毛利	
4	综合费用	
5	折旧前利润	
6	折旧	
7	支付利息前利润	
8	财务费用	
9	营业外收支	
10	税前利润	
11	所得税	
12	净利润	

第1年　资产负债表

单位：万元

资产	期初数	期末数	负债和所有者权益	期初数	期末数
流动资产：			**负债：**		
现金	30		长期负债	0	
应收款	0		短期负债	0	
在制品	0		应付款	0	
成品	0		应交税费	0	
原料	0		一年内到期的长期负债	0	
流动资产合计	30		**负债合计**	0	
固定资产：			**所有者权益：**		
土地和建筑	0		股东资本	30	
机器与设备	0		利润留存	0	
在建工程	0		年度净利	0	
固定资产合计	0		所有者权益合计	30	
资产总计	30		负债和所有者权益总计	30	

2.3 第2年企业经营过程控制/监督表

_____公司 _____职位

■ 操作记录

第2年 年度运行记录表

<table>
<tr><th colspan="2"></th><th>年初</th><th colspan="2">第一批</th><th colspan="2">第二批</th><th colspan="2">第三批</th><th colspan="3">年中</th><th colspan="2">第四批</th><th colspan="2">第五批</th><th colspan="2">第六批</th><th colspan="2">第七批</th></tr>
<tr><th colspan="2"></th><th></th><th>数量</th><th>购买</th><th>到货</th><th>数量</th><th>购买</th><th>到货</th><th>数量</th><th>购买</th><th>到货</th><th>数量</th><th>购买</th><th>到货</th><th>数量</th><th>购买</th><th>到货</th><th>数量</th><th>购买</th><th>到货</th><th>数量</th><th>购买</th><th>到货</th></tr>
<tr><td rowspan="3">订单详情</td><td>类型</td><td colspan="22"></td></tr>
<tr><td>数量</td><td colspan="22"></td></tr>
<tr><td>时间</td><td colspan="22"></td></tr>
<tr><td rowspan="4">主生产计划</td><td>产品种类</td><td colspan="22"></td></tr>
<tr><td>产品数量</td><td colspan="22"></td></tr>
<tr><td>开始时间</td><td colspan="22"></td></tr>
<tr><td>结束时间</td><td colspan="22"></td></tr>
<tr><td rowspan="4">需求计划</td><td>R1</td><td colspan="22"></td></tr>
<tr><td>R2</td><td colspan="22"></td></tr>
<tr><td>R3</td><td colspan="22"></td></tr>
<tr><td>R4</td><td colspan="22"></td></tr>
<tr><td colspan="2">采买数量</td><td colspan="22"></td></tr>
<tr><td colspan="2">订单数量</td><td colspan="22"></td></tr>
<tr><td colspan="2">订单时间</td><td colspan="22"></td></tr>
</table>

（续表）

第二年度			
库存	P1/T1		
	P1/T2		
	P1/T3		
	P2/T1		
	P2/T2		
	P2/T3		
	P3/T1		
	P3/T2		
	P3/T3		
应收账款	时间		
	金额		

年末统计

产品库	P1/T1		
	P1/T2		
	P1/T3		
	P2/T1		
	P2/T2		
	P2/T3		
	P3/T1		
	P3/T2		
	P3/T3		

原材料库	种类	数量	过期时间
	R1		
	R2		
	R3		
	R4		

年度资质情况	类型	种类	已开发	未开发
	开发（国内）	P1		
	开发（亚洲）	P2		
	开发（国际）	P3		
	产品资质（ISO 9000）	P4		
	产品资质（ISO 14000）	P5		

剩余资金	
负债总和	
管理费	
维修费	
折旧	
所得税	
违约金	
利息	
应收账款	
应付账款	

第2年　_____费用报表

项目	金额	备注
广告费		促销广告（　）
市场准入投资		北方（　）、南方（　）、亚太（　）
ISO资格投资		ISO9000（　）、ISO14000（　）、ISO20000（　）
产品研发		P1（　）、P2（　）、P3（　）
特性研发		T1（　）、T2（　）、TP3（　）
咨询费		

第2年　原料统计表

原料	库存原料数量（件）	库存原料价值（万元）	零售(含拍卖)收入（万元）	零售(含拍卖)成本（万元）
R1				
R2				
R3				
R4				

第2年　在制品统计报表

| 项目 | 在制品 | | | | | | | | |
	P1/T1	P1/T2	P1/T3	P2/T1	P2/T2	P2/T3	P3/T1	P3/T2	P3/T3
数量									
在制品价值									

第2年　生产设备统计报表

| 项目 | 生产线 | | |
	传统线	全自动线	全智能线
总投资			
累计折旧			
在建已投资额			

第2年 产品统计表

项目	数量	订单收入	违约罚款	销售成本	库存产品数(件)	库存产品价值(万元)
P1/T1						
P1/T2						
P1/T3						
P2/T1						
P2/T2						
P2/T3						
P3/T1						
P3/T2						
P3/T3						
小计						

综合报表

第2年 费用统计表

单位：万元

序号	项目	金额
1	管理费	
2	广告费	
3	设备维护费	
4	转产	
5	市场准入投资	
6	产品研发	
7	特性研发	
8	ISO 资格投资	
9	咨询费	
10	基本工资	
11	培训费	
12	激励费	
13	费用合计	

第2年 利润表

单位：万元

序号	项目	金额
1	销售收入	
2	直接成本	
3	毛利	
4	综合费用	
5	折旧前利润	
6	折旧	
7	支付利息前利润	
8	财务费用	
9	营业外收支	
10	税前利润	
11	所得税	
12	净利润	

第2年 资产负债表

单位：万元

资产	期初数	期末数	负债和所有者权益	期初数	期末数
流动资产：			负债：		
现金	30		长期负债	0	
应收款	0		短期负债	0	
在制品	0		应付款	0	
成品	0		应交税费	0	
原料	0		一年内到期的长期负债	0	
流动资产合计	30		负债合计	0	
固定资产：			所有者权益：		
土地和建筑	0		股东资本	30	
机器与设备	0		利润留存	0	
在建工程	0		年度净利	0	
固定资产合计	0		所有者权益合计	30	
资产总计	30		负债和所有者权益总计	30	

2.4 第3年企业经营过程控制/监督表

■ 操作记录

_____公司　　_____职位

第3年　年度运行记录表

第三年度			第一批		第二批		第三批		第四批		第五批		第六批		第七批	
			购买	到货	购买	到货	购买	到货	购买	到货	购买	到货	购买	到货	购买	到货
订单详情	类型															
	数量															
	时间															
主生产计划	产品种类		年初					年中									
	产品数量															
	开始时间															
	结束时间															
需求计划	R1	数量															
	R2															
	R3															
	R4															
采买数量	订单数量															
	订单时间															

(续表)

第三年度

	种类		
库存	P1/T1		
	P1/T2		
	P1/T3		
	P2/T1		
	P2/T2		
	P2/T3		
	P3/T1		
	P3/T2		
	P3/T3		
应收账款	时间		
	金额		

年末统计

	种类	数量	过期时间
产品库	P1/T1		
	P1/T2		
	P1/T3		
	P2/T1		
	P2/T2		
	P2/T3		
	P3/T1		
	P3/T2		
	P3/T3		
原材料库	R1		
	R2		
	R3		
	R4		

		类型	开发	产品资质	
	种类			已开发	未开发
	P1	国内			
	P2	亚洲			
	P3	国际			
年度资质情况	P4	ISO 9000			
	P5	ISO 14000			

剩余资金		
负债总和		
管理费		
维修费		
折旧		
所得税		
违约金		
利息		
应收账款		
应付账款		

第3年　_____费用报表

项目	金额	备注
广告费		促销广告( )
市场准入投资		北方( )、南方( )、亚太( )
ISO资格投资		ISO9000( )、ISO14000( )、ISO20000( )
产品研发		P1( )、P2( )、P3( )
特性研发		T1( )、T2( )、TP3( )
咨询费		

第3年　原料统计表

原料	库存原料数量(件)	库存原料价值(万元)	零售(含拍卖)收入(万元)	零售(含拍卖)成本(万元)
R1				
R2				
R3				
R4				

第3年　在制品统计报表

项目	在制品								
	P1/T1	P1/T2	P1/T3	P2/T1	P2/T2	P2/T3	P3/T1	P3/T2	P3/T3
数量									
在制品价值									

第3年　生产设备统计报表

项目	生产线		
	传统线	全自动线	全智能线
总投资			
累计折旧			
在建已投资额			

第3年 产品统计表

项目	数量	订单收入	违约罚款	销售成本	库存产品数(件)	库存产品价值(万元)
P1/T1						
P1/T2						
P1/T3						
P2/T1						
P2/T2						
P2/T3						
P3/T1						
P3/T2						
P3/T3						
小计						

综合报表

第3年 费用统计表
单位：万元

序号	项目	金额
1	管理费	
2	广告费	
3	设备维护费	
4	转产	
5	市场准入投资	
6	产品研发	
7	特性研发	
8	ISO 资格投资	
9	咨询费	
10	基本工资	
11	培训费	
12	激励费	
13	费用合计	

第3年　利润表　　　　　　　　　　　　　　　　　　　　　　　　　　单位：万元

序号	项目	金额
1	销售收入	
2	直接成本	
3	毛利	
4	综合费用	
5	折旧前利润	
6	折旧	
7	支付利息前利润	
8	财务费用	
9	营业外收支	
10	税前利润	
11	所得税	
12	净利润	

第3年　资产负债表　　　　　　　　　　　　　　　　　　　　　　　　单位：万元

资产	期初数	期末数	负债和所有者权益	期初数	期末数
流动资产：			**负债：**		
现金	30		长期负债	0	
应收款	0		短期负债	0	
在制品	0		应付款	0	
成品	0		应交税费	0	
原料	0		一年内到期的长期负债	0	
流动资产合计	30		**负债合计**	0	
固定资产：			**所有者权益：**		
土地和建筑	0		股东资本	30	
机器与设备	0		利润留存	0	
在建工程	0		年度净利	0	
固定资产合计	0		**所有者权益合计**	30	
资产总计	30		**负债和所有者权益总计**	30	

2.5 第4年企业经营过程控制/监督表

_____公司 _____职位

■ 操作记录

第4年 年度运行记录表

<table>
<tr><th colspan="2" rowspan="2"></th><th colspan="3">年初</th><th colspan="14">年中</th></tr>
<tr><th colspan="2">第一批</th><th colspan="2">第二批</th><th colspan="2">第三批</th><th colspan="2">第四批</th><th colspan="2">第五批</th><th colspan="2">第六批</th><th colspan="2">第七批</th></tr>
<tr><td rowspan="3">订单详情</td><td>类型</td><td></td><td></td><td></td><td></td><td></td><td></td><td></td><td></td><td></td><td></td><td></td><td></td><td></td><td></td></tr>
<tr><td>数量</td><td></td><td></td><td></td><td></td><td></td><td></td><td></td><td></td><td></td><td></td><td></td><td></td><td></td><td></td></tr>
<tr><td>时间</td><td></td><td></td><td></td><td></td><td></td><td></td><td></td><td></td><td></td><td></td><td></td><td></td><td></td><td></td></tr>
<tr><td colspan="2">主生产计划</td><td colspan="2">第一批</td><td colspan="2">第二批</td><td colspan="2">第三批</td><td colspan="2">第四批</td><td colspan="2">第五批</td><td colspan="2">第六批</td><td colspan="2">第七批</td></tr>
<tr><td colspan="2">产品种类</td><td colspan="2"></td><td colspan="2"></td><td colspan="2"></td><td colspan="2"></td><td colspan="2"></td><td colspan="2"></td><td colspan="2"></td></tr>
<tr><td colspan="2">产品数量</td><td colspan="2"></td><td colspan="2"></td><td colspan="2"></td><td colspan="2"></td><td colspan="2"></td><td colspan="2"></td><td colspan="2"></td></tr>
<tr><td colspan="2">开始时间</td><td colspan="2"></td><td colspan="2"></td><td colspan="2"></td><td colspan="2"></td><td colspan="2"></td><td colspan="2"></td><td colspan="2"></td></tr>
<tr><td colspan="2">结束时间</td><td colspan="2"></td><td colspan="2"></td><td colspan="2"></td><td colspan="2"></td><td colspan="2"></td><td colspan="2"></td><td colspan="2"></td></tr>
<tr><td colspan="2">需求计划</td><td>数量</td><td>到货</td><td>购买</td><td>到货</td><td>数量</td><td>到货</td><td>购买</td><td>到货</td><td>数量</td><td>到货</td><td>购买</td><td>到货</td><td>数量</td><td>到货</td></tr>
<tr><td rowspan="4">采买数量</td><td>R1</td><td></td><td></td><td></td><td></td><td></td><td></td><td></td><td></td><td></td><td></td><td></td><td></td><td></td><td></td></tr>
<tr><td>R2</td><td></td><td></td><td></td><td></td><td></td><td></td><td></td><td></td><td></td><td></td><td></td><td></td><td></td><td></td></tr>
<tr><td>R3</td><td></td><td></td><td></td><td></td><td></td><td></td><td></td><td></td><td></td><td></td><td></td><td></td><td></td><td></td></tr>
<tr><td>R4</td><td></td><td></td><td></td><td></td><td></td><td></td><td></td><td></td><td></td><td></td><td></td><td></td><td></td><td></td></tr>
<tr><td colspan="2">订单数量</td><td colspan="2"></td><td colspan="2"></td><td colspan="2"></td><td colspan="2"></td><td colspan="2"></td><td colspan="2"></td><td colspan="2"></td></tr>
<tr><td colspan="2">订单时间</td><td colspan="2"></td><td colspan="2"></td><td colspan="2"></td><td colspan="2"></td><td colspan="2"></td><td colspan="2"></td><td colspan="2"></td></tr>
</table>

第四年度

(续表)

第四年度

年末统计

库存		应收账款	
P1/T1		时间	
P1/T2		金额	
P1/T3			
P2/T1			
P2/T2			
P2/T3			
P3/T1			
P3/T2			
P3/T3			

产品库		原材料库	种类	数量	过期时间
P1/T1			R1		
P1/T2			R2		
P1/T3			R3		
P2/T1					
P2/T2					
P2/T3			R4		
P3/T1					
P3/T2					
P3/T3					

年度资质情况	类型		开发	产品资质	种类	已开发	未开发
	国内				P1		
	亚洲				P2		
	国际				P3		
	ISO 9000				P4		
	ISO 14000				P5		

剩余资金	
负债总和	
管理费	
维修费	
折旧	
所得税	
违约金	
利息	
应收账款	
应付账款	

第4年 _____ 费用报表

项目	金额	备注
广告费		促销广告( )
市场准入投资		北方( )、南方( )、亚太( )
ISO 资格投资		ISO9000( )、ISO14000( )、ISO20000( )
产品研发		P1( )、P2( )、P3( )
特性研发		T1( )、T2( )、TP3( )
咨询费		

第4年　原料统计表

原料	库存原料数量(件)	库存原料价值(万元)	零售(含拍卖)收入(万元)	零售(含拍卖)成本(万元)
R1				
R2				
R3				
R4				

第4年　在制品统计报表

项目	在制品								
	P1/T1	P1/T2	P1/T3	P2/T1	P2/T2	P2/T3	P3/T1	P3/T2	P3/T3
数量									
在制品价值									

第4年　生产设备统计报表

项目	生产线		
	传统线	全自动线	全智能线
总投资			
累计折旧			
在建已投资额			

第4年　产品统计表

项目	数量	订单收入	违约罚款	销售成本	库存产品数(件)	库存产品价值(万元)
P1/T1						
P1/T2						
P1/T3						
P2/T1						
P2/T2						
P2/T3						
P3/T1						
P3/T2						
P3/T3						
小计						

综合报表

第4年　费用统计表

单位：万元

序号	项目	金额
1	管理费	
2	广告费	
3	设备维护费	
4	转产	
5	市场准入投资	
6	产品研发	
7	特性研发	
8	ISO 资格投资	
9	咨询费	
10	基本工资	
11	培训费	
12	激励费	
13	费用合计	

第4年 利润表

单位：万元

序号	项目	金额
1	销售收入	
2	直接成本	
3	毛利	
4	综合费用	
5	折旧前利润	
6	折旧	
7	支付利息前利润	
8	财务费用	
9	营业外收支	
10	税前利润	
11	所得税	
12	净利润	

第4年 资产负债表

单位：万元

资产	期初数	期末数	负债和所有者权益	期初数	期末数
流动资产：			**负债：**		
现金	30		长期负债	0	
应收款	0		短期负债	0	
在制品	0		应付款	0	
成品	0		应交税费	0	
原料	0		一年内到期的长期负债	0	
流动资产合计	30		**负债合计**	0	
固定资产：			**所有者权益：**		
土地和建筑	0		股东资本	30	
机器与设备	0		利润留存	0	
在建工程	0		年度净利	0	
固定资产合计	0		**所有者权益合计**	30	
资产总计	30		**负债和所有者权益总计**	30	

2.6 第5年企业经营过程控制/监督表

■ 操作记录

_____公司　_____职位

第5年　年度运行记录表

		年初		年中						
				第一批	第二批	第三批	第四批	第五批	第六批	第七批
订单详情	类型									
	数量									
	时间									
第五年度	主生产计划									
	产品种类									
	产品数量									
	开始时间									
	结束时间									
	需求计划	数量	购买	到货	数量	购买	到货	数量	购买	到货
	采买数量	R1								
		R2								
		R3								
		R4								
	订单数量									
	订单时间									

(续表)

第五年度	剩余资金						
	负债总和						
	管理费						
	维修费						
	折旧						
	所得税						
	违约金						
	利息						
	应收账款						
	应付账款						
	应收账款	时间					
		金额					
	库存	P1/T1					
		P1/T2					
		P1/T3					
		P2/T1					
		P2/T2					
		P2/T3					
		P3/T1					
		P3/T2					
		P3/T3					

年末统计

产品库	种类	数量	过期时间
	P1/T1		
	P1/T2		
	P1/T3		
	P2/T1		
	P2/T2		
	P2/T3		
	P3/T1		
	P3/T2		
	P3/T3		

原材料库	种类	数量	过期时间
	R1		
	R2		
	R3		
	R4		

年度资质情况	类型	开发
	国内	
	亚洲	
	国际	
	ISO 9000	
	ISO 14000	

产品资质	种类	已开发	未开发
	P1		
	P2		
	P3		
	P4		
	P5		

第5年 _____ 费用报表

项目	金额	备注
广告费		促销广告( )
市场准入投资		北方( )、南方( )、亚太( )
ISO 资格投资		ISO9000( )、ISO14000( )、ISO20000( )
产品研发		P1( )、P2( )、P3( )
特性研发		T1( )、T2( )、TP3( )
咨询费		

第5年 原料统计表

原料	库存原料数量(件)	库存原料价值(万元)	零售(含拍卖)收入(万元)	零售(含拍卖)成本(万元)
R1				
R2				
R3				
R4				

第5年 在制品统计报表

项目	在制品								
	P1/T1	P1/T2	P1/T3	P2/T1	P2/T2	P2/T3	P3/T1	P3/T2	P3/T3
数量									
在制品价值									

第5年 生产设备统计报表

项目	生产线		
	传统线	全自动线	全智能线
总投资			
累计折旧			
在建已投资额			

第5年　产品统计表

项目	数量	订单收入	违约罚款	销售成本	库存产品数(件)	库存产品价值(万元)
P1/T1						
P1/T2						
P1/T3						
P2/T1						
P2/T2						
P2/T3						
P3/T1						
P3/T2						
P3/T3						
小计						

综合报表

第5年　费用统计表　　　　　　　　　　　　　　单位：万元

序号	项目	金额
1	管理费	
2	广告费	
3	设备维护费	
4	转产	
5	市场准入投资	
6	产品研发	
7	特性研发	
8	ISO 资格投资	
9	咨询费	
10	基本工资	
11	培训费	
12	激励费	
13	费用合计	

第5年　利润表

单位：万元

序号	项目	金额
1	销售收入	
2	直接成本	
3	毛利	
4	综合费用	
5	折旧前利润	
6	折旧	
7	支付利息前利润	
8	财务费用	
9	营业外收支	
10	税前利润	
11	所得税	
12	净利润	

第5年　资产负债表

单位：万元

资产	期初数	期末数	负债和所有者权益	期初数	期末数
流动资产：			负债：		
现金	30		长期负债	0	
应收款	0		短期负债	0	
在制品	0		应付款	0	
成品	0		应交税费	0	
原料	0		一年内到期的长期负债	0	
流动资产合计	30		负债合计	0	
固定资产：			所有者权益：		
土地和建筑	0		股东资本	30	
机器与设备	0		利润留存	0	
在建工程	0		年度净利	0	
固定资产合计	0		所有者权益合计	30	
资产总计	30		负债和所有者权益总计	30	

2.7 第6年企业经营过程控制/监督表

■ 操作记录

_____公司　_____职位

第6年　年度运行记录表

<table>
<tr><th colspan="2" rowspan="2"></th><th>年初</th><th colspan="7">年中</th></tr>
<tr><th></th><th>第一批</th><th>第二批</th><th>第三批</th><th>第四批</th><th>第五批</th><th>第六批</th><th>第七批</th></tr>
<tr><td rowspan="3">订单详情</td><td>类型</td><td></td><td></td><td></td><td></td><td></td><td></td><td></td><td></td></tr>
<tr><td>数量</td><td></td><td></td><td></td><td></td><td></td><td></td><td></td><td></td></tr>
<tr><td>时间</td><td></td><td></td><td></td><td></td><td></td><td></td><td></td><td></td></tr>
<tr><td colspan="2">主生产计划</td><td></td><td></td><td></td><td></td><td></td><td></td><td></td><td></td></tr>
<tr><td colspan="2">产品种类</td><td></td><td></td><td></td><td></td><td></td><td></td><td></td><td></td></tr>
<tr><td colspan="2">产品数量</td><td></td><td></td><td></td><td></td><td></td><td></td><td></td><td></td></tr>
<tr><td colspan="2">开始时间</td><td></td><td></td><td></td><td></td><td></td><td></td><td></td><td></td></tr>
<tr><td colspan="2">结束时间</td><td></td><td></td><td></td><td></td><td></td><td></td><td></td><td></td></tr>
<tr><td rowspan="4">需求计划</td><td>R1</td><td></td><td>购买 到货</td><td>购买 到货</td><td>购买 到货</td><td>购买 到货</td><td>购买 到货</td><td>购买 到货</td><td>购买 到货</td></tr>
<tr><td>R2</td><td></td><td></td><td></td><td></td><td></td><td></td><td></td><td></td></tr>
<tr><td>R3</td><td></td><td></td><td></td><td></td><td></td><td></td><td></td><td></td></tr>
<tr><td>R4</td><td></td><td></td><td></td><td></td><td></td><td></td><td></td><td></td></tr>
<tr><td>采买数量</td><td>数量</td><td></td><td></td><td></td><td></td><td></td><td></td><td></td><td></td></tr>
<tr><td rowspan="2">订单数量</td><td>数量</td><td></td><td></td><td></td><td></td><td></td><td></td><td></td><td></td></tr>
<tr><td>订单时间</td><td></td><td></td><td></td><td></td><td></td><td></td><td></td><td></td></tr>
</table>

(续表)

第六年度

	种类	
库存	P1/T1	
	P1/T2	
	P1/T3	
	P2/T1	
	P2/T2	
	P2/T3	
	P3/T1	
	P3/T2	
	P3/T3	
应收账款	时间	
	金额	

剩余资金	
负债总和	
管理费	
维修费	
折旧	
所得税	
违约金	
利息	
应收账款	
应付账款	

年末统计

	种类	数量	过期时间
原材料库	R1		
	R2		
	R3		
	R4		

	种类	
产品库	P1/T1	
	P1/T2	
	P1/T3	
	P2/T1	
	P2/T2	
	P2/T3	
	P3/T1	
	P3/T2	
	P3/T3	

	类型	开发
年度资质情况	国内	
	亚洲	
	国际	
	ISO 9000	
	ISO 14000	

	种类	已开发	未开发
产品资质	P1		
	P2		
	P3		
	P4		
	P5		

第6年　　　　　费用报表

项目	金额	备注
广告费		促销广告（　）
市场准入投资		北方（　）、南方（　）、亚太（　）
ISO资格投资		ISO9000（　）、ISO14000（　）、ISO20000（　）
产品研发		P1（　）、P2（　）、P3（　）
特性研发		T1（　）、T2（　）、TP3（　）
咨询费		

第6年　原料统计表

原料	库存原料数量（件）	库存原料价值（万元）	零售(含拍卖)收入（万元）	零售(含拍卖)成本（万元）
R1				
R2				
R3				
R4				

第6年　在制品统计报表

项目	在制品								
	P1/T1	P1/T2	P1/T3	P2/T1	P2/T2	P2/T3	P3/T1	P3/T2	P3/T3
数量									
在制品价值									

第6年　生产设备统计报表

项目	生产线		
	传统线	全自动线	全智能线
总投资			
累计折旧			
在建已投资额			

第6年　产品统计表

项目	数量	订单收入	违约罚款	销售成本	库存产品数(件)	库存产品价值(万元)
P1/T1						
P1/T2						
P1/T3						
P2/T1						
P2/T2						
P2/T3						
P3/T1						
P3/T2						
P3/T3						
小计						

综合报表

第6年　费用统计表　　　　　　　　　　　　　　　　　　　　单位：万元

序号	项目	金额
1	管理费	
2	广告费	
3	设备维护费	
4	转产	
5	市场准入投资	
6	产品研发	
7	特性研发	
8	ISO 资格投资	
9	咨询费	
10	基本工资	
11	培训费	
12	激励费	
13	费用合计	

第6年 利润表

单位：万元

序号	项目	金额
1	销售收入	
2	直接成本	
3	毛利	
4	综合费用	
5	折旧前利润	
6	折旧	
7	支付利息前利润	
8	财务费用	
9	营业外收支	
10	税前利润	
11	所得税	
12	净利润	

第6年 资产负债表

单位：万元

资产	期初数	期末数	负债和所有者权益	期初数	期末数
流动资产：			**负债：**		
现金	30		长期负债	0	
应收款	0		短期负债	0	
在制品	0		应付款	0	
成品	0		应交税费	0	
原料	0		一年内到期的长期负债	0	
流动资产合计	30		**负债合计**	0	
固定资产：			**所有者权益：**		
土地和建筑	0		股东资本	30	
机器与设备	0		利润留存	0	
在建工程	0		年度净利	0	
固定资产合计	0		**所有者权益合计**	30	
资产总计	30		**负债和所有者权益总计**	30	

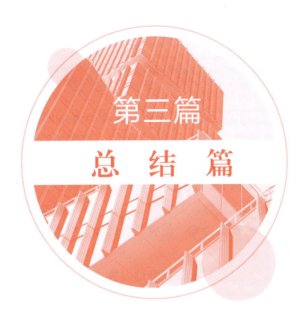

第三篇 总结篇

只有善于思考和总结的人,才能获得最大的收获与提高。

课程思政目标:基于社会主义核心价值观,运用马克思主义哲学思想,理论联系实际,反思企业经营沙盘模拟实战对抗中的各种问题,加深对习近平新时代中国特色社会主义思想的理解和认识。

3.0 开篇语

竞赛的过程是热闹的，但真正的收获与提高是在竞赛后的总结和交流中。经过了模拟6年的经营后，及时、认真地总结和反思是必要的。赢要知道赢在哪，输也要知道输在哪。不知道赢在哪不是真正的赢，只能说是"瞎猫碰上了死耗子"。赢者也会有失误的地方，输者也会有精彩的地方，只有能够挖掘出成败背后的原因的人，才是真正的赢家。如果受训者能在模拟操作的基础上进行深刻的反思与总结，不仅知道赢在哪还知道为什么会赢，不仅知道输在哪还知道为什么会输，就会学到知识、获得提升，这样不管赢与输，都是赢家——真正的赢家。

竞赛从来都不是目的，通过竞赛最大限度地发挥自己，得到最大的锻炼，才是最有价值的。从这个角度来说，只要你尽了最大的努力，不管你赢了还是输了，你都是赢家。3天的竞赛带给我们的是启迪，是思考，是发现自己。只有实践才能真正检验出我们学到了什么，才能真正超越自己。

经过3天的学习和竞赛，你肯定有很多感想，知识和技能也装了一箩筐，虽然可能仅仅是知识点。你可能也会有些许遗憾，因为总是匆忙行动而来不及运用刚学到的知识，或是想当然地认为应该怎么做而忽略了本竞赛的市场规则和企业运营规则，导致运营出错或竞赛失利。你可能还有一个小小的愿望：假如可以重新来……

那么，就开动你的脑筋，拿起你的笔，记录下你的反思和总结吧！

本篇还增加了5篇阅读文章(均以电子版形式在网上免费提供)，分别是《全面认识战略与战略决策》《跑马圈地、以快制胜的误区》《关于新兴寿险公司的战略选择》《融到巨资奈何反招危机》《新华VS友邦：重视战略管理的方法论》，供参训者总结提高时参考。

3.1 受训者日常记录

成长在于积累。笔记是积累的一种方式，这种方式最笨，也最聪明。笔记记录了你的发现、你的成长、你的感悟。把这些内容收集起来，它们将是你的财富，是你永久的珍藏。

第一年小结

1. 学会了什么?

2. 企业经营中较顺利的环节是什么?

3. 企业经营中遇到的困难是什么?

4. 下一年将如何改进?

第二年小结

1. 学会了什么？

2. 企业经营中较顺利的环节是什么？

3. 企业经营中遇到的困难是什么？

4. 下一年将如何改进？

第三年小结

1. 学会了什么？

2. 企业经营中较顺利的环节是什么？

3. 企业经营中遇到的困难是什么？

4. 下一年将如何改进？

第四年小结

1. 学会了什么？

2. 企业经营中较顺利的环节是什么？

3. 企业经营中遇到的困难是什么？

4. 下一年将如何改进？

第五年小结

1. 学会了什么?

2. 企业经营中较顺利的环节是什么?

3. 企业经营中遇到的困难是什么?

4. 下一年将如何改进?

第六年小结

1. 你对经营的成果满意吗？为什么？

2. 本次训练中你有什么遗憾？

3. 本次训练中你有什么经验和大家分享？

4. 你对自己的团队有什么希望和建议？

3.2 对经营规划的再思考

企业经营的本质是盈利,那么我们不妨从"如何盈利"入手,逐级对以下问题进行探讨:

(1) 利润不足是成本过高还是销售不足?

(2) 如果是成本过高,找出控制成本的有效方法。

(3) 如果是销售不足,分析是什么原因造成的。

(4) 如果企业所处行业已经没有利润空间,考虑尽早进行行业调整。

(5) 如果通过市场分析,感觉企业的细分市场不够大,要么加大市场投入,要么重新定位。

(6) 如果既不是行业的问题,也不是市场的问题,那么问题应该出在管理上,这就需要细化管理,从内部改进。

(不够可另加附页)

【知识链接1】 企业经营分析——基于企业战略的视角

在ERP沙盘模拟经营过程中，若干个初始状态设置完全一样的企业，经过几年的经营，就会出现不同的状态，有的高歌猛进，有的步履维艰，有的甚或已经破产倒闭。为什么会产生如此不同的结果？首先我们从企业战略的视角来做个简要分析。

所谓企业战略，就是描述一个企业打算如何实现自己的目标和使命。为什么需要战略？根本原因是资源有限，如何让有限的资源产生最大的效益就是企业战略要解决的问题。企业战略分析的实质在于通过对企业自身及企业所在行业或企业拟进入行业的分析，明确企业自身定位及应采取的竞争策略，以权衡收益与风险，了解和掌握企业的发展潜力，特别是企业价值创造或盈利方面的潜力。主要包括自身的优劣势分析、外部环境如行业的机会与威胁分析，以及竞争策略选择等方面内容。

对于ERP沙盘模拟实训而言，企业初始状态设置是一样的，但不同的团队对风险的认识和承受能力是不同的。各经营团队都进入相同的行业，但所进入的市场和所研发的产品可以有所不同。当然了，如果你的资源足够多，你可以开辟所有的市场和研发所有的产品，但非常不幸的是，你的资源不够！如果你从一开始就开发所有的产品，同时开辟所有的市场，你一定会因为现金断流而破产倒闭。这就是上面说的资源有限，这也是为什么需要战略的根本原因。你需要做出选择！所以总经理领导下的团队如何选择竞争策略成为能否成功的关键。

基本竞争策略主要包括低成本、差异化和专业化三种。由于系统的限制，在ERP沙盘模拟实训中主要涉及到低成本和差异化两种策略。这两种策略的不同，直接决定了企业产品的毛利空间；而企业毛利空间的不同，则直接决定了企业在营销、融资、市场开发上投入的空间大小。

产品毛利=产品价格-产品直接成本
产品毛利率=产品毛利÷产品价格

在ERP沙盘模拟实训中，各经营团队将面临本地、区域、国内、亚洲、国家5个市场和P1、P2、P3、P4、P5五种不同的P系列产品。五种不同的P系列产品在不同的市场和不同的阶段，其价格和市场需求量是不同的。为此，企业在制定市场开发战略时，应结合产品开发策略和企业生产能力进行综合考虑。

比如，企业重点生产的产品是P4，如果P4产品的需求量主要集中在区域、国内和亚洲市场，国际市场需求很小，那么企业就应该回避国际市场，重点占领区域、国内和亚洲市场。传统的竞争策略分析认为，低成本与差异化策略是相互排斥的，所以处于这两种策略中间的企业是危险的。

在实训过程中，我们看到很多经营团队在经营之初同时申请ISO9000及ISO14000两项认证，后期却仍然以P系列低端产品为主要产品，造成了认证费用的浪费，影响了企业利润。同时，某些经营团队在低成本策略指导下企业经营难以维持，被迫拟实行产品差异战略，但是认证又需要周期，导致企业陷入了产品转型的困境。

通过毛利率分析应该清醒地认识到,企业必须及早确定竞争战略,并能根据竞争对手的策略、市场环境的变化进行调整,在总经理的带领下将竞争战略渗透到企业的运营过程。各经营团队也应该在实训结束后,回顾对企业战略的把握,分析得失。

【知识链接2】 企业经营分析——基于企业营销的视角

在经营团队的职责安排中,营销总监扮演着十分重要的角色,谁拥有市场,谁就拥有了主动权;而市场的获得又与各企业的市场分析和广告营销计划相关,并要与生产相适应。下面简要分析广告投入产出比和市场占有率两项指标。

1. 广告投入产出比

广告投入产出比是评价广告投入效率的指标。其计算公式如下。

$$广告投入产出比 = 订单销售额 \div 广告费投入$$

该比率越大,说明企业的广告投放效率越高。但该指标不能只看自己,而是要横向与竞争对手比较来看,从而比较各企业在广告投入效率上的差异。这个指标告诉经营者本公司与竞争对手之间在广告投入策略上的差距,以警示营销总监要深入分析市场和竞争对手,寻求节约成本、以策略取胜的突破口。

2. 市场占有率

市场占有率表明本企业在市场中的地位。其计算公式如下。

$$市场占有率 = 企业在某一特定市场的销售额 \div 该市场需求总额$$

该比率越高,说明产品销售情况越好。在产能允许的情况下,应尽可能地提高市场占有率。在企业产、供、销各环节中,销售有着特别重要的意义,只有实现了销售,才能回笼资金,实现利润,完成一个完整的资金循环。

在ERP沙盘模拟实训过程中,市场占有率高的企业可以在下一年度中使用较低的广告成本实现高额销售收入,模拟经营团队至少要在某一个市场中牢牢占据市场领袖的地位,也只有这样才有获胜的可能。

需要注意的是,以上两个指标应该结合在一起分析。如果一个企业只是广告投入产出比高,但市场占有率不高,并不是好现象。只有两个指标都高,才是好状态。

【知识链接3】 企业经营分析——基于企业运营的视角

企业运营资产的主体是流动资产和固定资产,其利用能力和利用效率从根本上决定了企业的经营状况和经济效益。对此加以分析,可以了解企业的运营状况和管理水平。资产周转速度越快,表明资产可供运用的机会越多,资产使用效率越高;反之,则表明资产利用效率越差。

这样就可以通过产品销售与企业资金占用量来分析企业的资金周转状况,评价企业的运营能力。常用的指标有存货周转率、应收账款周转率、流动资产周转率、固定资产周转率、总资产周转率等。本文主要介绍其中三个指标。

1. 存货周转率

企业存货的周转是指以货币资金购入生产经营所需材料物资开始，形成原材料存货；然后投入到生产过程中进行加工，形成在制品存货；当加工结束之后则形成产品存货，最后通过销售取得货币资金，表示存货的一个循环完成。当存货从一种形态转化为另一种形态较快时，存货的周转速度就很快。其计算公式如下：

存货周转率=营业成本÷存货平均余额

存货平均余额=(期初存货+期末存货)÷2

公式中的"营业成本"即利润表中的直接成本，期初与期末存货均可从资产负债表中由在制品、成品和原料三项相加所得。一般来说，存货周转率高，说明其存货的占用水平低、流动性强、产品积压少、存货转化为现金和应收款的速度快；存货周转率低，表明企业经营不善、产品滞销。但过高的存货周转率也可能说明企业经营管理出现了问题，如存货水平不足，导致缺货或原材料供应不足；采购批量较小，导致生产线闲置等。

一个适度的存货周转速度除应参考企业的历史水平之外，还应当参考同行业的平均水平，并不是越高越好。当然，短期存货周转水平也与企业战略息息相关。例如，经营团队生产P3产品后囤积，计划待市场销路顺畅时占领市场，这也可能导致囤积期间存货周转率较低。因此，可以连续看一个较长时期的存货周转率。

2. 应收账款周转率

应收账款周转率是评价应收账款流动性大小的一个重要财务比率，它是企业一定时期内赊销收入净额和应收账款平均余额的比率。其计算公式如下：

应收账款周转率=赊销收入净额÷应收账款平均余额

应收账款平均余额=(期初应收账款余额+期末应收账款余额)÷2

公式中的"赊销收入净额"即利润表中的销售收入，应收账款期初及期末余额反映在资产负债表中的应收款项。该比率说明年度内应收账款转化为现金的平均次数，体现了应收账款的变现速度和企业的收账效率。

一般认为，应收账款周转率越高越好，因为它表明企业收款迅速，可以节约营运资金，减少坏账损失，减少收账费用并且提高资产的流动性。

对营销总监而言，在争取订单的过程中，应收账款的账期也是一个重要的考量标准：在销售额相同的情况下，应当选择账期短的订单；在销售额相近的情况下，则应该及早与财务总监沟通预案，进行取舍，避免账期过长带来额外的筹资成本，甚或陷入财务困境。

3. 固定资产周转率

固定资产周转率也称固定资产利用率，用以反映企业固定资产的营运效率。其计算公式如下：

固定资产周转率=销售收入÷固定资产平均净值

固定资产平均净值=(期初固定资产净值+期末固定资产净值)÷2

公式中"销售收入"取自利润表，固定资产期初及期末净值取自资产负债表里固定资产合计项。这一比率主要用于对厂房、设备等固定资产的利用效率进行分析。

对固定资产的分析评价应当综合考虑各种因素：如果经营团队期初变卖厂房融资，固定资产的平均余额自然会比较低；使用全自动生产线或柔性生产线较多的团队，其固定资产的平均余额则会高出平均水平，但最终比率的高低取决于销售额的大小。如果生产线昂贵，但没有取得预期的销售收入，会导致较低的固定资产周转率，说明企业的经营管理存在较大的问题。

3.3 改进工作的思路

1. 扩大销售

(1) 提高产品和服务的质量，增加客户满意度。

(2) 改进附加服务。

(3) 市场渗透。

(4) 开拓新市场。

(5) 研发新产品、新技术。

(6) 加强企业品牌宣传，改善公司及产品形象。

(7) 集中资源，重点投放。

(8) 并行工程。

(9) 扩建或改造生产设备，提高产能。

(10) 提高设备利用率。

……

2. 降低成本

(1) 消除生产过程中的一切浪费。

(2) 考虑替代料。

(3) 考虑委外加工。

(4) 节约资源。

(5) 寻求合作。

(6) 规模化、标准化。

……

3.4 受训者总结

受训者总结提纲：

(1) 简要描述所在企业的经营状况。

(2) 分析所在企业成败的关键及原因。

(3) 总结所担任角色的得与失。

(4) 对所在企业下一步的发展提出意见和建议。

(不够可另加附页)

3.5 经营竞赛交流

学习别人的长处,弥补自己的短处。各组派代表进行经营总结交流,不一定都是总经理,也可以是财务总监、营销总监、生产总监等不同角色;同时,允许个别人发言,作为补充。

(不够可另加附页)

3.6 指导教师点评与分析

记录：

(不够可另加附页)

3.7 参加大赛人员心得分享

学到精彩，体会残酷

盛明辉

　　ERP沙盘大赛是通过直观的企业经营沙盘来模拟企业运行状况，让队员在分析市场、制定战略、组织生产、整体营销和财务管理等一系列活动中体会企业经营运作的全过程，认识到企业资源的有限性，从而深刻理解ERP的管理思想，领悟科学的管理规律，提升管理能力；同时真切地体会到市场竞争的精彩与残酷，提前感受未来的财富人生，从而在以后的竞争中比别人多一些筹码，多一份从容和自信。

1. 这个世界唯一不变的就是变化

　　曾经，有许许多多的ERP沙盘初学者都在苦苦思索一个问题：究竟有没有一种战略可以确保我们常胜不败呢？然而，经过无数次实践证明，答案是否定的！没有哪一种战略可以保证我们在任何时间、任何地点战胜任何对手。ERP沙盘战略的关键在于创新和求变，这与现实生活是一脉相承的。就战略本身而言，没有好坏与强弱之分(请参考阅读文章：《全面认识战略与战略决策》)。我们用此战略获得了这次比赛的胜利，下次比赛面对不同的竞争对手、不同的市场环境，它就很有可能不再奏效。因此，我们在比赛中制定战略时，一定要随着对手和环境的变化而变化。有关战略，适合的才是最好的。

2. 小公司的战略就两个词：活下来，挣钱！

　　先求生存，再求发展，这是所有企业必须遵循的规律。企业在开始运营阶段虽然有一定的盈利，但并不是很高，生存能力也不是很强。因此，在制定发展战略时，一定要与企业的实际相结合，保持适当的发展速度；否则，大举投入、全面开花，就会使不高的权益急剧下降，财务状况严重恶化，从而使企业陷入极度的困境，甚至破产。这就是关于企业发展的"度"的问题(请参考阅读文章：《跑马圈地、以快制胜的误区》)。

　　企业战略的核心和重点在于保证企业发展过程中人、财、物的平衡与统一。具体而言，我们在制定战略时，既要反对裹足不前，又要反对盲目冒进，一定要考虑企业的权益和现金流状况。

3. 小企业要有大胸怀

　　ERP沙盘比赛有若干个团队参加。在比赛过程中，切不可闭门造车、偏安一隅，要有竞争的意识。我们在做好自己项目的同时，还要密切关注对手的动态和信息，树立"全局一盘棋"的思想。信息，在当今社会中扮演着越来越重要的角色，只有知己知彼，才能百战不殆。在比赛过程中，要注意广泛收集对手的信息，从全局的角度考虑公司的发展，真正实现信息为我所有。

4. 团队合作的基础是真诚和信任

ERP团队的合作也符合"木桶理论"，其最终成绩的取得并不是取决于团队中的实力最强者，而是取决于团队中的实力稍弱者。因此，团队一定要将最合适的人放在最合适的岗位上，从而把团队的效用发挥到极致。团队成员之间要彼此信任、相互理解，每个成员都要承担相应的责任，不仅要为自己的错误承担责任，也要做好为同伴的失误买单的准备。在顺境中，每个人都能发挥领导力；只有在逆境中才能检验出是否真正具有领导力。总经理作为团队领导者，必须具备良好的心理素质和协调能力。每个成员只有心怀宽容、全力以赴，才能真正组成一个和谐的、有战斗力的团队。

5. 商场如战场，但商场不是战场

在战场上，只有你死，才能我活；而在商场上，你活着，我才可以活得更好。ERP沙盘赛场就像一个没有硝烟的战场，但我们必须认识到赛场绝不是生死的战场。在商业实战中，打败对手从来都不是一种战略。在竞赛过程中，团队之间的关系不是你死我活，但在组间交易上，许多企业选择了同归于尽，而不是互惠互利。竞争是比赛过程中的一场游戏，更是一种艺术，重要的是向竞争者学习，只有向竞争者学习的人才会进步。

我们一定要怀着一种正确的心态来对待比赛。用一种竞争的心态投入到这种游戏的过程中，用一种游戏的心态来看待竞争的结果。竞赛从来都不是目的，在竞赛中获益和成长，才是精髓所在。

(盛明辉是获得第四届"用友杯"全国沙盘大赛辽宁省赛区一等奖团队的总经理，题目为编者所加)

3.8 第五届"用友杯"全国大学生创业设计暨沙盘模拟经营大赛全国总决赛冠军案例

第一年长期贷款为0，短期贷款每季度20M滚动；年初购买大厂房，上3条柔性生产线；研发P2、P3产品，第一年年末P2产品研发完毕，P3产品研发4期；开发5个市场，本地、区域、国内、亚洲、国际；ISO9000认证第一期。

第二年年初长期贷款50M，短期贷款每季度20M滚动；第一季度在大厂房上手工生产线2条，第二季度上全自动生产线1条，生产P2产品；将剩下2期P3产品研发完毕；继续开发国内、亚洲、国际市场；将ISO9000认证完毕。

第三年年初长期贷款30M，短期贷款每季度20M滚动；租小厂房，第一季度上手工生产线2条；继续开发亚洲和国际市场；认证ISO14000第一期。

第四年年初长期贷款40M，短期贷款每季度20M滚动；继续租小厂房，第二季度在小厂房内新上1条全自动生产线，生产P3产品；第二季度开始研发P4产品，第四年研发3期；继续开发国际市场；认证ISO14000第二期。

第五年年初长期贷款30M，短期贷款每季度20M滚动；第二季度在继续租用的小厂房内新上手工生产线1条；继续研发P4产品3期。

第六年年初长期贷款50M，短期贷款每季度20M滚动；第一季度购买小厂房，第四季度出售第一年建成的3条柔性生产线和第二年建成的2条手工生产线。

企业战略规划表见表3-1所示。

表3-1 企业战略规划表

项目	年份							
	第一年				第二年			
	第一季度	第二季度	第三季度	第四季度	第一季度	第二季度	第三季度	第四季度
广告费	0				17M			
财务费用	0				4M			
长期贷款	0				50M(5年)			
短期贷款	20M	20M	20M	20M	20M	20M	20M	20M
厂房	40M (买大)							
生产线	3×5M (柔性)	3×5M	3×5M	3×5M	2×5M (手工)	1×5M (全自动P2)	1×5M	1×5M
产品研发	P2 P3	P2 P3	P2 P3	P2 P3	P3	P3		
市场开拓	本地 区域 国内 亚洲 国际				国内 亚洲 国际			
ISO9000或 ISO14000认证	ISO9000(一期)				ISO9000(二期)			
权益	46M				54M			

项目	年份							
	第三年				第四年			
	第一季度	第二季度	第三季度	第四季度	第一季度	第二季度	第三季度	第四季度
广告费	23M				27M			
财务费用	9M				12M			
长期贷款	30M(5年)				40M(5年)			
短期贷款	20M	20M	20M	20M	20M	20M	20M	20M
厂房	3M (租小)				3M (租小)			
生产线	2×5M (手工)				1×5M (全自动 P3)	1×5M	1×5M	
产品研发					P4	P4	P4	
市场开拓	亚洲 国际				国际			
ISO9000或 ISO14000认证	ISO14000(一期)				ISO14000(二期)			
权益	67M				74M			

(续表)

项目	年份							
	第五年				第六年			
	第一季度	第二季度	第三季度	第四季度	第一季度	第二季度	第三季度	第四季度
广告费	31M				48M			
财务费用	15M				19M			
长期贷款	30M(5年)				50M(5年)			
短期贷款	20M	20M	20M	20M	20M	20M	20M	20M
厂房	3M (租小)				30M (买小)			
生产线		1×5M (手工)						出售第一年建成的3条柔性生产线和第二年建成的2条手工生产线
产品研发	P4	P4	P4					
市场开拓								
ISO9000或ISO14000认证								
预估权益	102M				166M			

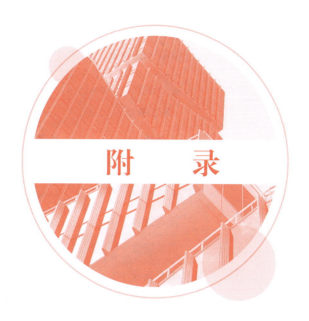

附 录

第十八届全国大学生创新创业沙盘模拟经营大赛(辽宁赛区)技术手册(节选)

(注：手册中仅为示例数据，帮助用户理解规则使用，参与沙盘实训时请查看具体规则)

案例背景

HD 公司成立于 2022 年，是一家刚刚融资成功的智能手机制造公司。公司在筹备阶段就以美观的设计、安全的性能指标，获得过国际上的多项设计大奖。公司运营部门通过各种网络平台的新媒体运营，在用户中的呼声很高。现在国产手机品牌 HW 对团队进行了投资，使得企业有了一笔丰富的启动资金；并且随着现代营销的浪潮，公司高层也起用了一批年轻人，使用数字营销手段，即除传统市场外，还建立了新零售体系，用数据驱动营销，助力企业快速发展。现在你们将分别担任总经理、财务总监、人力总监、生产总监和营销总监，请综合运用所学知识，结合公司现状与未来的市场调研经营自己的公司，相信大家能在未来的四年中完成企业盈利、品牌推广，闯出属于自己的一片天地。

公司目前只有30万现金。资产负债表略。

市场调研

不同年份不同季度的产品需求量,以第一年为例,如附表1所示。

附表1　第一年不同季度的产品需求情况

一年 2 季度				
市场	产品	特性	总量	平均价格
北方市场	Nova666	高端商务	450	3 016
北方市场	Nova666	青春旗舰	7 650	2 552
北方市场	P888	高端商务	450	2 788
北方市场	P888	时尚影像	3 150	3 290
北方市场	P888	青春旗舰	1 750	3 312
一年 3 季度				
市场	产品	特性	总量	平均价格
北方市场	Nova666	青春旗舰	4 500	2 304
北方市场	Nova666	时尚影像	4 500	2 300
北方市场	P888	青春旗舰	4 500	2 752
北方市场	P888	时尚影像	4 500	2 905

注:市场调研为市场详单的缩减版,系统规则中详单数量较多,不同的规则详单数量不同,这里以某一规则为例。详单中会列示具体的年份季度、单张订单量、单张订单价格等。

市场信息

该地区目前有3大市场,分别为北方、南方和亚太。各个市场相当于各个销售渠道,销售市场不断扩大,开拓时间也随之增加。为了确保能在规定时间内选择订单,各企业应当提前做好准备。开启订货会时间与市场调研和详单中的年份季度相同。

各市场间无关联,只有拥有市场资质才能在该市场中销售产品。

一、通用规则

比赛运营阶段及各阶段时间

比赛经营年数为4年,16个季度(详情见各规则)。每年分第一季度、第二季度、第三季度和第四季度4个阶段运行。每个季度20分钟,每次选单10分钟,总共400分钟;选单时间根据案例不同有所不同,单独计算时间。

详细时间分配表如附表2所示。

附表2　每年各阶段经营功能的时间分配

经营功能	运行启动	时间
1年1季度经营	手动启动	20分钟
1年2季度选单	手动启动	10分钟
1年2季度经营	手动启动	20分钟
1年3季度选单	手动启动	10分钟
1年3季度经营	手动启动	20分钟
1年4季度经营	手动启动	20分钟
2年1季度选单	手动启动	10分钟
2年1季度经营	手动启动	20分钟
2年2季度选单	手动启动	10分钟
2年2季度经营	手动启动	20分钟
2年3季度经营	手动启动	20分钟
2年4季度经营	手动启动	20分钟
3年1季度选单	手动启动	10分钟
3年1季度经营	手动启动	20分钟
3年2季度选单	手动启动	10分钟
3年2季度经营	手动启动	20分钟
3年3季度经营	手动启动	20分钟
3年4季度经营	手动启动	20分钟
4年1季度选单	手动启动	10分钟
4年1季度经营	手动启动	20分钟
4年2季度选单	手动启动	10分钟
4年2季度经营	手动启动	20分钟
4年3季度经营	手动启动	20分钟
4年4季度经营	手动启动	20分钟
成绩结算	手动启动	依据现场情况

注意：数智沙盘不再是只有年初选单了。

二、季度中运行规则

(1) 经营虚拟时间为16个季度(4年)，每个季度 20分钟。

(2) 在经营中，各岗位总监应当按时完成当季操作任务，确保企业能够顺利经营。每季度各岗位操作无先后顺序，各企业可自由进行决策。

(3) 季度时段任务清单。

季度时段用于经营本季度各岗位工作，具体任务表如附表3所示。

附表3 季度时段任务清单

岗位	任务1	任务2	任务3	任务4	任务5	任务6
财务总监	【融】融资管理	【收】应收账款	【付】应付账款	【费】费用管理	【控】预算控制	【表】报表管理
人力总监	【选】招聘管理	【用】岗位管理	【育】培训管理	【留】激励管理		
生产总监	【人】工人管理	【机】设备管理	【料】库存管理	【法】设计管理	【研】研发管理	
营销总监	【渠】销售渠道	【产】产品研发	【促】促销广告	【竞】竞单管理	【售】交付管理	

1. 比赛结果评分

(1) 经营结果最终得分。

Z=[所有者权益+数智化建设得分(即数智化建设费用)×10-扣分(即预算控制使用率扣分)]×商誉×(1+本年碳中和率+上年碳中和率)

(2) 按最终得分降序排列，第一名为 100 分，第二名为 99 分，依次类推。

2. 企业知名度&商誉值

企业知名度是公众对企业名称、商标、产品等方面的认知和了解的程度。某市场的企业知名度越高，其得分越高，分配订单时就越优先。

促销广告与企业知名度的比例为1:1，投放的广告越多，企业知名度就越高。

3. 商誉值扣减情况

(1) 订单未按时交货，系统判断为违约，自动扣除违约金，商誉值-1。

(2) 未按时支付工人工资，季度结束后系统自动扣除，商誉值-5。

(3) 原材料未按时收货，季度结束后系统自动收货，商誉值-1。

(4) 未按时支付贷款利息和本金，季度结束后系统自扣除，商誉值-1。

(5) 未按时支付应付账款，季度结束后系统自动扣除，每笔账款商誉值-1。

(6) 未按时支付管理费用，季度结束后系统自动扣除，商誉值-1。

(7) 网络营销销售产品，在切换季度时，库存量小于填写的产品数量，商誉值-1。

(8) 设备部门预算资金使用率为X，当$X<80\%$和$X>120\%$时，扣减10 000分值。

4. 数据咨询

数据咨询按钮，用于购买其他企业情报，支付一定数量金额，即可获取其他企业的详细信息。

(1) 规则中的情报费用，为单次购买单个企业费用(不同规则，情报费不同)。

(2) 有效期为1季(如2年3季时购买某组信息，则本季度任意时间均可查看该组企业信息，但切换到2年4季度时，查看权限消失)。

(3) 单次可购买多组信息，也可在不同季度多次购买同一家企业信息。

(4) 可查看权限包括财务信息(资产负债表)、产品库存、原料库存、产线明细(产线种类、是否生产、产品种类、特性、数量等)、科研明细(技术研发)、会员明细。

三、销售总监相关技术规则

1. 销售总监任务清单(见附表4)

附表4 销售总监任务清单

序号	任务	意义
1	渠	开拓销售渠道
2	产	申请产品和认证 ISO 资质
3	促	投放促销广告
4	竞	参加订货会
5	售	交付获取的销售订单

2. 销售渠道相关规则

销售渠道包含3个市场：北方、南方和亚太。销售渠道规则如附表5所示。

附表5 渠道规则

渠道名称	开拓周期	需要资金
北方市场	1季度	10 000
南方市场	3季度	20 000
亚太市场	4季度	30 000

规则解释：

(1) 以投入资金的季度开始计时，经过开拓周期之后，完成开拓。

(2) 开拓市场资金，一次性扣除，期间无法中断和加速。

(3) 开拓完成后，系统自动授予市场资质(如1年2季开拓南方市场，则到2年1季才可在该市场销售产品)。

(4) 只有获得市场资质后才允许在该市场销售产品。

3. 产品资质相关规则

产品资质包含产品生产资质和ISO认证。其中，产品生产资质规则如附表6所示。

附表6　产品生产资质规则

产品名称	编号	消耗时间(季)	消耗资金
Nova666	P1	1	10 000
P888	P2	2	20 000
Mate999	P3	4	50 000

规则解释：

(1) 以投入资金的季度开始计时，经过消耗时间之后，完成研发。

(2) 申请产品资金，一次性扣除，期间无法中断和加速。

(3) 投资研发到期后，系统自动授予产品生产资质(如1年2季研发P888，则在1年4季才可生产该产品)。

(4) 已获得产品生产资质后才允许生产线开工生产。

(5) 无产品资质，依然可选取订单(如1年2季选单时，可选择P888产品的订单)。

(6) 产品应当配合特性开产，具体如何搭配，其详细规则看市场调研。

ISO资质规则如附表7所示。

附表7　ISO资质规则

ISO认证名称	认证周期	需要资金
ISO9000	1季度	10 000
ISO14000	3季度	10 000
ISO20000	4季度	20 000

规则解释：

(1) 以投入资金的季度开始计时，经过认证周期之后，完成认证。

(2) 认证ISO资金，一次性扣除，企业无法中断或加速。

(3) 投资认证到期后，系统自动授予产品认证资质(如1年1季认证ISO9000，则在1年2季才可使用该资格)。

(4) 只有获得认证资格后，才允许选取有该资格的订单。

4. 广告投放相关规则(见附表8)

附表8　促销广告投放

市场名称	当前知名度	当前排名	操作
北方市场	0	1	投放
南方市场	0	1	投放
亚太市场	0	1	投放

规则解释：

(1) 促销广告用于提升某一市场的企业知名度。企业知名度是计算分单得分的一个因素，得分越高者，越有选单的优先权；越靠前选单的企业，越容易分到想要的订单。

(2) 促销广告可在竞单前任意时间投放，其有效期仅用于一次竞单，竞完单后，企业知名度归零。竞单时无法投放。

(3) 促销广告分市场投放，每个市场投放的广告只影响本市场当季的企业知名度得分。

(4) 促销广告可在竞单开始前多次投放，总额度依次累计叠加。

5. 竞单规则(见附表9)

附表9　竞单规则

订单编号	市场	产品	特性需求	参考价	数量	交货期	账期	ISO要求	申报数量	操作
1	北方市场	Nova666	高端商务	3 016	450	4季度	1季度	ISO9000	0	申报

规则解释如下。

1) 订单申报

(1) 选手以队为单位进行订单申报，可同时进行所有市场、产品的订单申报，即选择一张订单，填写数量和价格。申请产品的数量将被显示在订单表的申报详情栏中。

(2) 所有岗位均可进行任何市场的订单申报，当多次对同一张订单进行申报时，系统只接受最新一次点击申报的产品数量。

(3) 在申报处，输入"0"，则为取消该市场申报的订单。

2) 订单分配

(1) 申报分组

① 并非企业申报即入围，入围需要条件。

② 入围有三个条件：企业有订单中的市场资质；企业有订单中的ISO资质；企业报价未超过参考价。

③ 每个订单生成入围列表。

(2) 标的分配

① 根据公式 Y=知名度(即等同于广告费)+市场占有率(初始值为 1)×商誉值×(参考价-报价)+1000×特性值(即生产管理特性研发值)，算出各队伍得分。

② 市场占有率，表示上次在该市场获取的订单数量在该市场的百分比，网络营销的销售量不算在内。

③ 得分最高的队伍，可以获得所申报的全部数量。

④ 按照排名顺次分配，直到数量不足。

⑤ 当所剩数量不足分配时，只分配剩余数量。

⑥ N 组分数相同时，分配顺位相同；当剩余数量 A 不满足其申报数量时，抽取其中最小的申报数量 M，每队分配 M 数量；若 A 还小于 $N \times M$，则每队分配 $A \div N$(向下取整)的订单。

6. 销售订单交付规则

(1) 销售订单为企业在竞单中申请并完成分配后，企业所获取的订单。

(2) 订单状态。当年分配的所有订单，均可在销售总监的【售】任务页面中查询，且显示交货状态。

(3) 所有订单必须在订单规定的交货季度前(包括本季)，按照订单规定的数量交货，订单不能拆分交货。

(4) 交货季度后仍未完成交货的订单，产生违约金，并且扣除 1 点商誉值；原订单显示违约状态的，不能执行交货操作。

(5) 点击交货时，判断库存中符合条件的产品是否充足。(产品、特性)若充足，则扣除相应数量的产品库存，交货完成日期是应收账款的起点日期。

(6) 当本订单为已交货状态，订单成本列显示在表格中。

四、生产总监操作相关规则

1. 生产总监任务清单(见附表10)

附表10 生产总监任务清单

序号	任务	意义
1	人	招聘管理
2	机	设备管理
3	料	原料管理
4	法	设计管理
5	研	研发管理

2. 人工管理规则

生产线配比情况如附表11所示。

附表11 生产线配比情况

线型	安装日期	基础产量	状态	产品标识	班次	普通工人	高级技工	实际产量	操作
传统线	1年2季度	200	停产	Nova666	8小时	2	1	240	保存

班次规则如附表12所示。

附表12 班次规则

班次名称	班次编码	产量加成(倍)	效率损失(%)
8时制	BC1	1	2%
12时制	BC2	1.2	50%

规则解释：

(1) 人工管理分为两个板块，设备管理和在职工人。

(2) 在设备管理页面，需要填写班次、手工工人、高级技工、保存这几个操作按钮。

(3) 可针对停产状态的生产线，进行人员配置。

(4) 在班次列下，按班次规则，选择一个班次。

(5) 在手工工人和高级技工列下，按照生产线规则，配置产线需要的工人。

(6) 点击保存按钮，实际产量列，显示具体数值，产线配置完成。

(7) 班次表示此线生产工人的工作时长，分为8时制和12时制，班次不同，所产出的产能加成不同(注：12小时制一方面工人产量加倍，另一方面工人效率加速降低)。

(8) 实际产量由基础产量、班次、工人效率计算得出。公式为：基础产能×(1+手工工人效率÷4+高级技工效率)×班次加成(最终结果向下取整)。其中基础产能在生产线规则表中读取；工人效率，按照实际招聘的工人效率读取；班次加成则在班次规则表中读取。

(9) 在职工人栏，列出本企业已入职的工人；在该页面招聘需求填报处，填写工人需求，分别包含种类(手工还是高级)、数量、效率等要求。填写完毕后该需求转接到人力资源总监页面。

3. 机器设备相关规则(附表13)

附表13 设备规则

线型名称	购买价格(元)	安装周期(季)	生产周期(季)	产量	转产周期(季)
传统线	50 000	0	2	80	0
全自动线	100 000	1	1	100	1
全智能线	200 000	3	1	200	0

线型名称	转产价格(元)	残值(元)	维修费用(元)	需要手工工人	需要高级技工
传统线	5 000	5 000	500	2	1
全自动线	5 000	15 000	1 500	1	1
全智能线	0	30 000	5 000	0	0

规则解释：

(1) 设备有三种线型，分别为传统线、全自动线、全智能线，新建生产线时均可自主选择(不同的规则，生产线名称不同)。

(2) 生产线的购买价格为一次性费用，期间无法中断或加速。

(3) 安装周期是生产线自购买到可以使用的期限(如，1年1季购买安装全自动线，安装周期为1，则在1年2季即可安装完成，开始使用)。

(4) 生产周期为生产一次产品需要的时间。

(5) 产量为生产线的基础产量(实际产量的计算基数)。

(6) 转产周期为转产一次所需要的季度数。转产条件包括：只能在停产状态时启动转产操作；资金账户必须有足够支付转产费用的资金。

(7) 转产价格为转产一次所需花费的金额。

(8) 残值为生产线折旧够年限时，该产品的价值(无论何时，直接出售生产线，均可获得与残值相等的金额)。

(9) 维修费用为生产线维修的费用，生产线建成满一年需交维修费，系统自动扣除(如1年2季购买一条安装周期为0的生产线，则生产线的建成时间为1年2季，维修费在2年1季跳转到2年2季时扣除)。

(10) 手工工人、高级技工，为该生产线生产产品需要的工人数量。

4. 产品图样规则

产品图样规则是一个产品构成所用的原料种类和数量，如附表14所示。组织生产时，需要按照此配方准备原料。

附表14　产品图纸规则

产品名	产品标号	碳排放量	昆仑玻璃	SD1电池	IMX800镜头	9100S芯片
Nova666	P1	0	1	1	0	0
P888	P2	0	1	1	1	0
Mate999	P3	0	2	1	2	1

生产线生产有以下先决条件：

(1) 需拥有该产品生产资质。

(2) 有充足的原材料。

(3) 生产线是否停产状态。

(4) 工人是否配置好(附表15所示为工人招聘规则)。

(5) BOM 更新完成。

(6) 现金是否充足。

附表15　工人招聘

名称	编码	初始期望工资(元)	计件	效率(%)
手工工人	GR1	500	50	50
高级技工	GR2	1 500	100	70

满足产品生产条件后，点击开产，开启生产周期。

(1) 开始生产时，需支付工人计件工资，计件工资=实际产量×(手工工人计件工资+高级技工计件工资)=手工工人数量×手工工人计件+高级技工数量×高级技工计件。如附表13，传统线需要2个手工工人和1个高级技工，假设一季度实际产量为74，则计件工资=74×(50×2+100)=14 800(元)。

(2) 在制品成本=原材料+工人月薪×生产周期(月)+计件工资×件数(如自动线生产产品，生产周期为2季，应当按6个月的工人工资计算)。

5. 原料库存相关规则(见附表16)

附表16　原材料规则

材料名称	材料编码	基础价格(元)	数量	送货周期(季)	账期(季)
昆仑玻璃	R1	500	500 000	1	0
SD1电池	R2	500	500 000	1	0
IMX800镜头	R3	500	500 000	2	0
9100S芯片	R4	500	500 000	2	0

规则解释：

(1) 原料为生产产品必备条件之一，在原料市场中，公司可向供应商购买原材料。

(2) 基础价格为购买材料需支付的价格。

(3) 剩余数量会随着各个企业的购买更新。

(4) 需根据实际使用原料时间，提前订购原材料，订购原材料时无须支付费用；订货期+送货周期，为可收货日期(如1年1季订购昆仑玻璃50个，则1年2季才可对昆仑玻璃进行收货和使用)；订购的原材料无法撤销。在收货季度当季可进行收货操作；若当季未完成收货操作，则系统自动完成收货，并扣减企业商誉值。

(5) 收货完成后，自动产生应付账款，账期即为应付账款的期限，表示多长时间内需要付款(收货下单时无须付款，但该部门需要预算费用)。

附表17所示为资产处理规则。

附表17　资产处理规则

资产名称	资产编码	处理价格(倍)
产品	1	0.8
原料	2	0.8

规则解释：

当企业急需现金时，可选择出售产品或原料获得流动资金，产品或原料出售可按照成本价格的80%出售。

6. 设计管理相关规则(见附表18)

附表18　产品设计规则

特性名称	编码	设计费用(元)	升级单位成本(元)	初始值	上限
青春旗舰	T1	1 000	100	1	1 000
时尚影像	T2	1 000	200	1	1 000
高端商务	T3	2 000	300	1	1 000

规则解释：

(1) 在产品原型中选择对应的产品名称(P1、P2、P3)+特性(T1、T2、T3)即组成全新的产品，设计完成时需支付设计费用。

(2) 每次设计完成后，均有个版本号，版本号按照设计次数，从1.0开始，1.1、1.2……依次类推。每次设计需重新支付设计费用(无论是否设计过)。

7. 特性研发管理相关规则

如附表18所示，初始特性研发值为1，每次研发目标值不得小于当前值，输入目标值之后，计算出研发所需费用，费用=(目标值-当前值)×单位研发费用。单击研发按钮，立刻扣除费用。特性研发增加有助于企业获取订单。

五、人力总监相关技术规则

1. 人力总监任务清单(见附表19)

附表19　人力总监任务清单

序号	任务	意义
1	选	招聘管理
2	用	岗位管理
3	育	培训管理
4	留	激励管理

2. 招聘管理相关规则(见附表20)

附表20　招聘管理规则

序号	任务
1	人力资源需求
2	人力资源市场

规则解释：

(1) 在招聘管理页面中呈现两个画面，其中人力资源需求即为生产总监在【人】任务页面中填写的人员需求招聘(若生产总监没写招聘需求，人力总监也可自行招聘，与生产总监协商好即可)。

(2) 人力资源市场即为人才市场，系统随机投入一批工人，人力总监应当依照等级、基础效率、期望月薪来选择性价比较高的人员，选取成功，单击发放OFFER即可(注：人力资源市场不参与竞争，工人不会随各企业发的薪资不同而择优入职)。

(3) 发放 OFFER 时，应当填写工资，工资可随意填写。设开出工资为X、期望工资为M，当$X \div M < 70\%$时，工人一定不会入职；当$X \div M$取值在70%～100%区间时，工人随机入职；当$X \div M \geq 100\%$时，则工人一定入职。

(4) OFFER发放完成可单击修改用于修改工人工资，以最后一次录入的薪资为准。

(5) 企业开出OFFER后，切到下季度时，可查看员工是否入职。

3. 员工岗位管理相关规则(见附表21)

附表21　岗位管理规则

序号	姓名	等级	月薪	状态	操作	操作
1	张三	手工工人	500	工作中	发薪	解聘
2	李四	高级技工	1500	空闲	发薪	解聘
3	王五	手工工人	450	培训中	发薪	解聘

规则解释：

(1) 页面显示本企业所有的在职员工，如附表21所示。

(2) 等级、月薪、状态为当季该员工的情况。状态分为三种，工作中表示该员工目前正在生产中，不可进行解雇操作；培训中表示该员工正在接受培训，无法进行其他操作；只有空闲状态的工人可被解聘。

(3) 发薪即为发放薪水，薪水=月薪×3。

(4) 企业可解聘任意员工，解雇时需要支付赔偿金，赔偿金=(N+1)×月薪。N=员工入职年限，向上取整。只有空闲状态的工人可被解聘(若解聘时工人处于欠薪状态，同时还需要支付欠薪)。

(5) 页面有统一发薪按钮，单击可一键发放全部薪水。

(6) 若员工某季度未被发放薪水，视为工资拖欠，跨越季度时系统强制扣除，且被拖欠工资的员工效率减半；若员工被连续拖欠工资两个季度，则该员工直接离职，且企业被强行扣除等同于解聘的赔偿金，并扣除5点商誉值。

4. 培训管理相关规则(见附表22)

附表22　工人培训规则

培训名称	消耗现金(元)	消耗时间(季)	原岗位	培训后岗位	工资涨幅
升级培训	2 000	1	手工工人	高级技工	100%

规则解释：

(1) 培训管理是指为提升工人的等级，对低等级员工进行培训，消耗现金为培训1个工人所需支付的现金。

(2) 消耗时间为自开始培训到培训完成，所需要的时间。培训结束后，员工可随意配置在生产线内，培训期间无法进行配置操作(如1年2季开始培训，则1年3季培训完成，在3季时才可对员工任意支配)。

(3) 培训人员在培训前为手工工人，培训结束后为高级技工，高级技工无法再次培训。

(4) 工资涨幅为培训完成后的工人工资状况。如附表21中的王五，培训后王五工资为450×(1+100%)=900(元)，工作效率不变。

5. 激励管理相关规则(见附表23)

附表23　员工激励规则

激励名称	编码	提升效率比例(%)
激励	JL1	20
涨薪	JL2	100

规则解释：

(1) 员工激励分为激励和涨薪两种方式，激励方式不同，提升效率比例不同，具体比例如附表23所示(向下取整)。

(2) 激励支付的资金为一次性费用，支付费用后，员工效率提升20%/万元(万分比率，如投资 10 000 元，提升20%)，工人工资不变。

(3) 涨薪则改变工人工资，自涨薪季度起，之后每月工资=涨薪金额+原本工资，涨薪提升100%/万元工作效率(按100%/万元的比例扣除，如投资5 000万元提升50%效率)。

(4) 激励和涨薪同为提升员工工作效率的一种。

六、财务总监相关技术规则

1. 财务总监任务清单(见附表24)

附表24　财务总监任务清单

序号	任务	意义
1	融	融资贷款
2	收	应收账款收现
3	付	应付账款
4	费	支付各项费用
5	控	调拨预算费用
6	表	企业报表填写

2. 贷款类型及贷款方式(见附表25)

附表25　贷款规则说明

序号	贷款名称	额度上限(倍)	贷款时间(季)	还款方式	利率(%)
1	直接融资	3	1	1	4
2	短期银行融资	3	4	1	10
3	长期银行融资	3	8	2	2

规则解释：

(1) 贷款额度=上年权益×额度计算倍数(上年权益额从上年的"资产负债表"中提取)。

(2) 贷款类型分为直接融资、短期银行融资、长期银行融资三种。可以自由组合，总贷款额度不得超过所有者权益的3倍。

(3) 贷款申请时间为各年正常经营的任何日期(不包括"年初"和"年末")。

(4) 贷款时间，即贷款期限。自贷款之季起，经过贷款时间后，必须归还本金(如2年1季申请短期融资10 000元，贷款时间为4季，则需在3年1季归还10 000元本金和1 000元利息)。

(5) 还款方式分为1和2。1表示到期还本付息，即贷款到期后，支付本金和利息；2表示每季度支付利息，到期还本付息，即每季度需先支付相应利息，到期时还本金和当季度的利息。

(6) 贷款是以套餐方式提供，贷款中规定了每类贷款的具体参数，如短期银行融资套餐的额度为10 000，单击确定即可完成贷款。贷款完成后，会在页面的融资现状中显示，如附表26所示。

(7) 贷款/利息的还款：①系统每季提供本季到期贷款和利息的账单，在【费】任务页面中可查询还款金额和归还贷款及利息；②产生的费用，应当及时归还，否则系统自动扣除该费用，并且扣除商誉值。

附表26 融资现状

套餐名称	起贷时间	还款时间	额度	利息
短期银行融资	1年3季度	2年3季度	10 000	1 000

3. 应收款类型&收款贴现

贴现规则说明如附表27所示。

附表27 贴现规则说明

名称	收款期(季)	贴息(%)
4季贴现	4	10
3季贴现	3	8
2季贴现	2	6
1季贴现	1	4

规则解释：

(1) 应收账款是企业应收但未收到的款项，收到后会增加企业现金流。

(2) 收款期是从确认应收款之日到约定收款日的期间。

(3) 贴现是指债权人在应收账期内，贴付一定利息提前取得资金的行为。不同应收账期的贴现利息不同。

(4) 贴现后,现金直接增加扣除贴息外的现金数额,贴息则计入财务费用,由系统自动扣除。

4. 应付账款类型(见附表28)

附表28　应付账款规则

款项	贷方	金额	备注	付款日期	操作
订购原材料	供应商	5 000	交易订单	1年3季度	付款

规则解释:

(1) 应付账款为企业应当支付但未支付的账款,计为短期负债,是指原材料收货后,不会立刻付款,产生1季(以规则为主)的应付账款。

(2) 应付账款可提前支付,需注意,提前支付占用现金流。

(3) 应付账款逾期支付,系统自动扣除,并扣减企业商誉值。

5. 费用缴纳类型(见附表29)

附表29　费用缴纳类型

类型	金额
管理费	600
维修费	500、1 500、5 000
折旧	11 250、21 250、42 500
所得税	20%
违约金	20%
咨询费	1 500

规则解释:

费用包含管理费、贷款本金、贷款利息、维修费、折旧、所得税、违约金、情报费(咨询费)等。

(1) 管理费为固定费用,规则中列示的为月度管理费,实际支付时,应当×3,需手动支付。

(2) 贷款本金和贷款利息均在财务总监的【费】任务页面中,需手动支付。

(3) 维修费由系统自动扣除,扣减现金流。

(4) 折旧由系统自动扣除,不影响企业现金流。

(5) 所得税为企业盈利后,所需要支付的费用,系统自动扣除,无须手动支付;所得税税率为20%;当企业所有者权益超出初始权益时,按照20%,支付所得税。

(6) 若前期企业亏损至初始权益以下,需弥补以前亏损后,再计算所得税。

(7) 违约金为未按时交付订单,按违约处理,需要额外计算违约金(违约金=该订单收入总额×违约比例),违约比例为20%。

(8) 情报费(咨询费)为购买其他企业信息时,所花费的费用(不同规则,情报费不同)。

6. 预算控制相关规则(见附表30)

附表30　预算控制规则

部门	上季度预算	上季度使用	上季度使用率	本季度预算
市场营销部	1 000	500	50%	3 000
生产设计部	1 000	500	50%	3 000
人力资源部	1 000	500	50%	3 000

规则解释:

(1) 预算控制下有三个部门,分别为市场营销部、生产设计部、人力资源部。

(2) 应在对应部门的本季度预算中填写预算好的金额,三个部门同时填写,单击确定按钮即为预算划拨成功,一旦确定无法更改。

(3) 每季度预算金额会在下季度的上季度预算中显示;上季度使用中显示上季度本岗位具体使用金额;上季度使用率显示上季度资金使用金额占已调拨金额的比例,当比例<80%或>120%时,影响企业得分,-10000分值。

(4) 当预算额度用完时,可依据使用情况多次向财务总监申请预算(在申请预算页面中设置,无须各总监填写具体金额,系统自动计算),财务总监可依照实际情况决定是否通过。

7. 财务报表相关规则

规则解释:

(1) 财务报表包含资产负债表、利润表和现金流量表。

(2) 资产负债表、利润表同经营报表规则。

(3) 现金流量表,详细记录该企业所有经费流向。

七、数字化开发规则

数字化开发规则如附表31所示。

附表31　数字化开发规则

岗位编码	消耗资金(元)	消耗时间(季)
1	10 000	4
2	10 000	4
3	10 000	4
4	10 000	4

规则解释：

各岗位可开启数字化管理，单击开启按钮完成开发，开发需支付对应资金；消耗时间也可理解为开发周期，在开发周期内无法使用该功能(如1年1季单击开发，消耗时间为4季，则2年1季完成开发，开始使用)。

1. 销售总监数字化管理

1) 网络营销

网络营销分为两个部分，网络投放和新媒体广告。

网络投放：可针对4类产品进行投放，每个产品输入两个值，即定价和投放数量(应输入正整数)；定价不可高于本产品成本的三倍，不可低于本产品成本；投放数量不得超过现有库存量。

新媒体广告：输入投放金额(正整数)，该金额转化为等量的热度值；会员指数代表会员数量，会员指数=热度×商誉×引流参数×0.0001，值向下取整。其中，引流参数规则如附表32所示。

附表32 引流参数规则

引流参数	引流名称
0.5	吸引会员

此外，零售市场规则如附表33所示。

附表33 零售市场规则示意

季度	目标产品	单价承受能力(元)	看重特定	每季购买数量
6	P888	4 000	时尚影像	1 000
6	P888	4 100	高端商务	1 000
8	P888	4 000	时尚影像	1 000
8	P888	4 100	高端商务	1 000
10	P888	4 200	时尚影像	1 000
10	P888	4 300	高端商务	2 000
10	Mate999	6 000	青春旗舰	2 000
10	Mate999	6 100	时尚影像	1 000

规则解释：

(1) 根据企业上架的种类，决定去满足哪些市场需求。

(2) 单价承受能力是用户在零售市场销售产品可承受的最高价格。

(3) 企业在申请订单时，所输入的价格应具备两个条件：①不应高于单价承受能力中所列的价格；②定价的取值范围，设 $M=$ 该产品图纸的原料价值之和(从规则表里读取)，输入范围取 $M\sim 5M$ 之间。

(4) 根据会员指数得出零售指数，零售指数 $Y=$ 会员指数×(单价承受能力-定价)×0.01。

(5) 根据各队的上架量，得出竞争指数。若零售指数小于等于上架量，竞争指数=零售指数；若零售指数大于上架量，则竞争指数=上架量。

(6) 根据入围队伍的竞争指数，计算出销量。若各队伍的竞争指数之和，小于等于市场需求数量，则销量=竞争指数；若各队伍的竞争指数之和，大于市场需求数量，则按照比例进行分配(向下取整)，得出销量。

(7) 季度跳转时，自动扣除等同于实际销量的相应产品，入库日期早的优先。

2) 营销大数据

(1) 在营销大数据中可查看本季度总销售额、上季度销售额、零售销售额、上季度零售销售额、销售结构、各企业销售额对比、资金来源统计、各季度销售额、各季度销售额和成本、市场占有率等多个板块。

(2) 通过各板块可看到其他企业经营情况，便于利用更多资源制定企业经营战略。

2. 生产总监数字化管理

1) 智能生产

智能生产如同一个自动化脚本，会自动帮用户进行生产。

(1) 工厂一旦进入数智化时代，所有材料的送货周期为 0，所有产线的转产周期为 0，且转产不需要支付转产费。

(2) 在每条生产线上选择一种产品，单击开启智能生产，产线自动更新为最新的 BOM 表，配置效率最高的工人，自动购买原材料。智能生产不会持续进行，每季度都需要操作一次(智能生产并非持续功能)。

(3) 当出现以下情况时，无法开启自动生产：①企业现金、预算不足；②工人不足；③市场无法购买到足够的材料；④无图样；⑤无产品资质。

2) 生产大数据

在生产大数据看板中可查看上季度产能、产线数量、工人数量、原料库存、产品生产结构、各企业产线数量对比、各特性的特性值对比、各季度总产能、各季度出库入库产品数量、资产构成。可依照大数据调整订单价格，并合理安排产能。

3. 人力总监数字化管理

1) 智能招聘

在智能招聘页面中，上半部分显示人力资源需求，单击智能筛选按钮，进行按需筛选，原则如下。

(1) 优先原则，筛选出来的结果，效率大于等于需求值。
(2) 数量最多展示8个，可点击更多，展示所有人员；展示人员均按照性价比降序排列。
(3) 智能招聘节省了人力总监招聘工人的时间，简化了人力总监的工作。

2) 人力大数据

在人力大数据中可查看总人数、本年工资支出累计、平均工龄、人均工资、岗位类别结构、各企业平均工资、人力资源现状、各季度人员增长情况、每季度计件工资和固定工资、人力资源费用结构等，可根据人才市场现状，调整及聘用员工，降低人工成本。

3) 人力资源 RPA

在人力总监的【留】任务页面中，增加了一键激励按钮，可选择想要激励的工人种类和要达到的效率。单击确定后，RPA 机器人会自动算出费用，自动涨薪或激励。

4. 财务总监数字化管理

1) 风险监控

风险监控下有 9 个财务指标，分别为资产负债率、速动比率、已获利息倍数、现金总资产比、存货周转率、应收账款周转率、净资产收益率、营业利润比重、主营业务利润率。各财务指标反映不同的财务状况，当指标外框变红时，表示该企业此项风险过高，应当马上降低该指标；当指标外框变黄时，表示该指标存在轻微风险，应当注意；当指标外框变绿时，则表示该指标一切正常。

2) 财务大数据

在财务大数据下可查看企业总收入、总成本、总利润、权益、费用结构、各企业净利润对比、资金来源统计、各季度总预算使用情况、收入和资金需求、资产构成等，便于分析本企业与其他企业的财务状况，以方便制定战略。

3) 财务 RPA

在财务总监的【付】任务页面中，增加了一键付款按钮，可通过 RPA 机器人选择批量支付本季度应付账款，一次性支付本季度全部账款。

参考文献与推荐阅读书目

[1] 刘平. 用友ERP企业经营沙盘模拟实训手册[M]. 第7版. 大连：东北财经大学出版社，2023.

[2] 王新玲，柯明，耿锡润. ERP沙盘模拟学习指导书[M]. 北京：电子工业出版社，2005.

[3] 刘平. 战略管理的辩证法——兼与金桥《战略管理十大悖论》一文商榷[J]. 企业管理，2005(10).

[4] 王新玲，杨宝刚，柯明. ERP沙盘模拟高级指导教程[M]. 北京：清华大学出版社，2006.

[5] 王方华. 企业战略管理[M]. 2版. 上海：复旦大学出版社，2006.

[6] 刘平. 智能集团不"壮士断腕"的后果[J]. 经理人，2006(5).

[7] 刘平. 快速成长型企业的危机基因[J]. 中外管理，2006(6).

[8] 刘平. 到西部去淘金[N]. 第一财经日报，2006-08-22(A2).

[9] 刘平. 以快制胜的误区[J]. 管理与财富，2006(12).

[10] 刘平. 新华VS友邦：条条大路通罗马[J]. 中外管理，2006(5).

[11] 刘平. 新兴寿险公司的战略选择[J]. 经理人，2006(4).

[12] 刘平. 家世界的启示[J]. 销售与市场，2007(1).

[13] 刘平. 创业攻略——成功创业之路[M]. 北京：中国经济出版社，2008.

[14] 刘平. 贝塔斯曼：满身光环的失败者[J]. 销售与市场，2008(8).

[15] 刘平. 高成长企业的长赢基因[J]. 经理人，2008(8).

[16] 刘平. 保险战争[M]. 北京：电子工业出版社，2009.

[17] 刘平. 战略管理：流程、方法与工具[M]. 北京：机械工业出版社，2011.

学生感言

感 受

(宋爽)

  这次是我们专业第二次进行企业经营沙盘模拟实训。与上次不同的是，我们多了一本学生用的实训手册。

  有了实训手册，我们更详尽地了解了沙盘实训的规则，每个人都知道了市场的需求、产品的价格、生产线的利用等情况。这样，大家就能更好地参与到实训中，并从中获得更多的知识。

  在实训手册中，每个职位都有详细的介绍，大家都能明确自己的职责；同时每个角色需要填写的表也都罗列了出来。这样，大家不仅能各司其职，高效地完成自己的任务，还能系统地了解企业的运行流程。

  在前两篇的介绍中，我们学会了很多技巧。例如，接订单时怎样避免让竞争对手多接，转产时转哪种生产线损失最少等。很多战略、战术的应用都要求我们更加全面地分析实训状况，这样才能得到更多的知识与经验。

  有了这本实训手册，我们会更好地了解沙盘的真谛，更深刻地了解企业的经营模式，并从中获得实践性的专业知识。

拥有沙盘模拟实训手册的益处

(刘艳)

持续两天的ERP沙盘模拟实训结束了,这已经是我们第二次接触ERP沙盘模拟了,真有种意犹未尽的感觉,希望能再次参加ERP沙盘模拟实训。这次的实训使我明白了许多有关ERP沙盘模拟的知识,这要感谢老师的细心指导及大家的积极参与和配合。我还要感谢一直帮助我们的《用友ERP企业经营沙盘模拟实训手册》,它使我们对ERP沙盘有了更深的了解。第一次,我们对企业经营沙盘模拟实训的了解还很模糊,特别是对规则、流程的了解不是很详尽。正如书中所说,只有懂得规则,才能游刃有余。实训手册中还详细介绍了每个角色的任务,使我们在实训前能做些相关准备,明白自己所扮演的角色在企业中的重要性及作用。其实,实训手册的好处还有很多,在此就不多说了。不过,对于我这种对沙盘极其感兴趣的人来说,它更具有纪念意义。因为以后再见到它,就会勾起我的很多回忆,也能让我想起很多经验与教训,想起自己大学期间对企业经营的渴望。总之,我会珍藏《用友ERP企业经营沙盘模拟实训手册》。在此,我还要感谢老师的辛勤教诲,更希望以后有更多的机会接触ERP沙盘。

关于用友ERP实训手册

(朱振)

经历两次ERP实训,我收获很多,感受也不同。作为工商管理专业的学生,我深知ERP运作对我们将来工作的重要性。

第一次实训,仓促上阵,什么都不懂,规则不是很清楚,头脑里也乱得很,还没回过神实训就结束了,留下很多遗憾。

第二次实训,最大的变化就是懂得了规则。在实训手册上,我可以知道具体流程,甚至包括财务预算及资产计算。两次同为财务总监的我,在上一次实训中对这一职位完全陌生,所幸第二次有实训手册,使我可以清楚财务方面的各项活动,从而弥补了上次实训的一大遗憾。再有就是实训手册中对规则的详尽阐述,使我对ERP沙盘有了全新的认识与理解,并可以在正式实训之前作好充足的准备工作。

在实训手册的指导下,我的第二次实训更加充实与积极,收获也颇丰。

使用沙盘实训手册的感受

(闫杰)

4月21—22日,我们经历了为期两天的ERP沙盘模拟实训。在这次实训中,我懂得了什么是失败,什么是进步。进步是第二次经历带给我的,当然还有一个小助手——《用友ERP企业经营沙盘模拟实训手册》。

在上一次实训时,由于没有一个正式的文本规则,我们对整个流程的了解还不是很透彻，只知道大概流程，很不专业，因此感觉整个过程就像是"过家家"，不仅对自己的角色了解不透，对他人的角色更是模糊。在这次实训前，我认真学习了本实训手册中的相关内容，明确了实训目的、内容和相关要求，确保了实训效果。

虽然实训结果从排名上我们组是最后，可我相信，我们收获了很多。从失败中，我们看到了什么是竞争、什么是生存、什么是超越自己。我清楚地知道了每一个步骤的含义，对整个流程都是清楚明了的，享受了整个过程。

失败算什么，我不认为我们是失败的，能在失败中站起来的人，才是真正的强者。

拥有ERP沙盘实训手册的好处

(何露丝)

第二次玩沙盘和第一次不同的是我们多了一本实训手册，有了明确的规范和准则，自然好处是很大的。在此，我要谈谈自己的看法。

既然是模拟竞赛，就一定要有竞赛规则，而这本手册最大的用途就是将规则更明确、更细致地描述出来，指导竞赛顺利进行。虽然参加过一次竞赛，但我们仍不敢保证已经掌握了所有规则，如生产线的开发周期、费用及残值，以及每条生产线的转产期和转产费用。可是翻翻手册，诸如此类的规则就一目了然了。另外，对于容易出错的细节及容易作弊之处更需要规则加以规范，从而使竞赛更加公平、公正。

人手一本手册，有效避免了"事不关己，高高挂起"现象的出现。企业经营沙盘实训实际上是一个团队合作项目，需要沟通与合作，每个人在熟知自己职责的基础上还要了解组内其他角色的相关职责，CEO更要熟知各个角色的分工，这样才能制定好总体战略。

此外，每个角色都需要填写相关操作表格，这样可以使每个程序都更加规范，从而提高了操作效率，加深了我们对"企业战略管理"课程的理解，真正把理论与实践联系了起来。

实训手册中增加人力资源总监的角色很有必要，有利于监控组内每个成员的态度和绩效；同时，硬性要求填写团队名称、企业目标、使命、愿景，更有利于增强临时团队的凝聚力，从而获得更好的实训效果。

总而言之，实训手册堪称沙盘操作的必备品！